你好，这是我们的名片

蒋友柏 著

民主与建设出版社

浦睿文化　出品

推荐序：对味

去年（2017 年）初和朋友聚餐，在座有位仙姑，我知道她的能量。她让我摇卦，并于次日发来卦解。一堆文字中有一条，说我下半年会遇到贵人。之所以会记得这条，是因为其他几条都早早应验了。我差不多是以一种好奇的心态等着验证最后一个预言的可靠性。

秋天时，我认识了友柏。完全没有预感，但在通完一个简短的电话后，我们决定一起做一件事。这件事就是后来被广为传颂、友柏在奉化武岭中学礼堂所做的“最美的一餐”。

我们谈话的核心，就两句话：

“你愿不愿意在蒋家故居做一顿你想象中最美的家宴？”

“你愿意加入，我就做。”

那情景，好像我们互相认识很多年。但其实我们才刚刚加上微信。

友柏对此的解释只用了两个字：对味。

接触多了，才发现，这两个字是他做人的基本态度。以他的经历，不难推想，这种高度简化的准则背后，有过怎样惊心动魄的人生图景。

因为要做“最美的一餐”，那段时间我们每天有很多沟通。友柏所投入的心力旁人无法想象。除了追求极致，他的效率奇高。

我最初的认知，是惊讶于他还有能把小事做大的格局。而他的回答更为本质：“很多事我们只会做一次，所以要珍惜。”

至此，我视他为对味的人。

而对所有正在奋斗的人来说，友柏显然是一个合格的对味者。

“经过十六年的打拼，体会到：自己是佣兵，每次都拼尽力气。所以拿钱不手软，要不会有二心。与对味的人去打仗不能拿钱，因为会起二意。”

这是某一夜，他留给我的话。我发现，原来我们有着共同的伤痕。

那一刻，我视他为兄弟。

我们之间的对话差不多有几层楼高了。有一天我重新翻阅，突然发现这就是一本关于创意和设计的实践之书。

友柏是我的一所大学。这超出了预言的体积。但这个定义更恰如其分。

写序的起因，是我介绍了友柏和 Kevin（陈垦）认识。Kevin 说，我要出友柏的书，你要写个序。

他们都是我的兄弟。我当然从命，并且心怀感激。

朱建

《都市快报》前总编辑

“24 季私享家”创始人

2018 年 1 月 15 日

自序：nobody somebody

被出版商“建议”写一篇自序。也因为与这个出版公司的老板对味，所以接受了这一个功课。想了一下，觉得既然是《你好，这是我们的名片》的自序，我就谈一下这本书的诞生、中间的因缘与写完后对自己的期许。也算是对第一本自己为市场而写的书做一个自我介绍吧。

我是在 2016 年的 7 月 27 日写完这本书的，当时也是我决定正式进入大陆的前期。从我开公司到 2016 年，整整十五年，我都没有累积到足够的能量、力量与胆量进入大陆。看着一波波的人在台湾地区无法生存，然后挥着“我来自台湾地区”的旗子进军大陆，再随着大陆的进步、知识美感水平的提升铩羽而归，心中有些不平。所以一开始就已经决定，如果我无法在台湾地区靠自己活得好，我就不能进军大陆。这十五年来，累积了各种失败，直到 2015 年开始，才真正上得了台面。以数据来说，中小企业在台湾地区能活过十三年的，是奇迹。我还刻意多等了两年，确定不是运气好，确定事业还在成长，才做出这个决定。

这看起来冠冕堂皇的理由，其实与这一本书的诞生完全无关……

这一本书的诞生是因为我被一位大陆的电视剧制作人骗了。当时她让我相信，如果我写一本书来为我这十五年的累积做一个小结，我的大陆行可以轻松一些、机会多一些。她还不断地挑战我，要我写出一本让“大家”都看得懂的设计书。但她在心底里，只是把我当成一棵摇钱树，拿着我的名字对所有人狮子大开口。好在我也不是软柿子，才不至于未进港先覆舟。回想起来，自己混了这么久，竟然还相信有快捷方式、好运这些事情存在，真的是人性使然。这也让我再次地反省，要回归原点，靠一路以来累积的态度、经验与实力，再重新做一次。

人生就是这么有趣，当自己修正态度后，门与窗就开了。原本由“骗子”介绍的假人脉，真的变成了自己的人脉，其中几个还变成了兄弟。一个带一个，一案滚一案，一个机会生出另一个机会，现在我在大陆已经有了可紧握双手的一群知己。这让我一年多来的大陆行，有了值得回忆一辈子的人、事、物。2017 年在溪口与新兄弟办的“最美的一餐”似乎完美地总结了我第一年的体验：一个以东方哲学的想象与西方科学的美感、融合文化体验所设计出来的项目。它够开放，也有着规矩；有着意境，也有着简单；有着时空，也够现代。这让我成了一个 nobody somebody。

这，也是这本书的内容。它写着一个与设计、文化无缘的 nobody，如何用中与西的各种体验，做出让 somebody 惊艳的文化内容。或许，我出生的时候是 somebody，但在成长过程中变成了 nobody。设计与文化又让我成了 somebody，但我现在追求的，却是再次成为 nobody。很绕口的一段话，却也代表了我截至目前的一生。

我想，我期望，我希望，借由这一本书，可以让一些人知道，文化与设计的价值不止于美与创新。文化与设计的价值是架构在平衡想象与逻辑之上。

最后，希望各位不会后悔花钱买了这本书。

蒋友柏

2017 年 12 月 8 日

Mini : forest across east London
Boeri : vertical forest (miami)
pbury : Venice Biennale
phone : amplify sounds of Estonian forest
way to create sound into brand.
moto : forest light : COS installation Milan.
rt hotel lobby.
ma Forest Chapel : Hiroshi Nakamura
o building ~~shell~~ shell
Forest Pond House : TDO

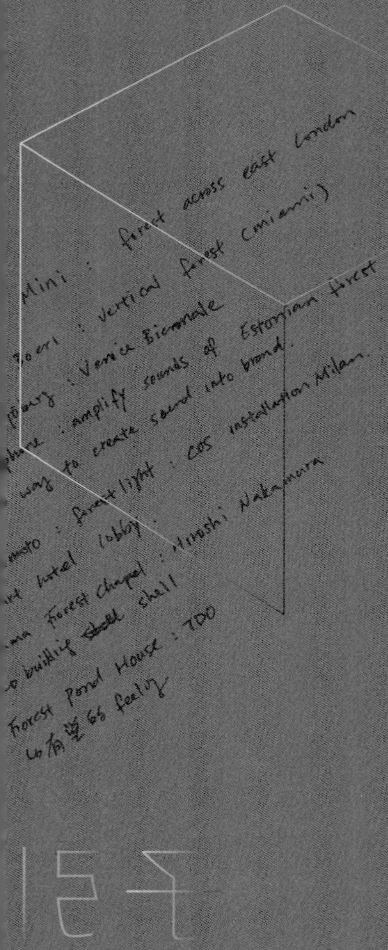

科班

非

所以

不 刻意

包 装

引子：非科班所以不刻意包装

女儿是刚开公司的那一年生的。当时太年轻，完全没有想过要同时照顾两个婴儿会有多么地难。虽然现在有一个好房、好家、好车、好公司，一些好客户，但在刚开始的几年里，根本就是在混沌里平衡两边，令人恐怖。

十四年了，五千多次的日出月升，做到已经忘记不当负责人的感觉是什么、没有小孩的日子会怎样。从青少年熬到了青年（据说现在的平均年龄标准已经往后拉，所以四十岁还可以算青年），再过几个月，就要进入“中青年”（反正加一个“青”字，感觉就还离老年远一些）。一路走来，跌跌撞撞，也撑到了女儿七年级毕业。在我读书的年代，七年级被称为“国一”。可想而知，就算我不愿意承认，我与现在的年轻社会已经开始脱节。当一个男人愿意正视老之将至这件事，表示他的脸皮已经社会化到长茧，所以可以轻松地、不带内疚地承认很多事实。

我所承认的事实是：我没有学过设计，没有上过一堂设计课或是营销课，更不懂科班的品牌理论，也没有任何的专业证照。再次强调，我连大学都还未毕业（我还未读完的借口是：我如果搬回纽约，一定会读完大学。但事实上，我却是在等有一天，有一所不错的学校愿意发荣誉学位给我）。我连最基本的管理课程都没有上过。我没有大众眼中的设计师朋友，我不被台湾地区的设计界接受，我没有拿过任何与设计相关的优惠……搞了十四年，我自己都不知道我养大了一个什么样的“小孩”，就如同我陪了我女儿十四年，到现在也不知道她会有什么样的人生。这种无法预估的无限可能似乎就是我想追求的自在。这种误打误撞的坚持，在许多人的眼里是一种无谓的任性，但在我做创意时为我提供了新的论点。

因为不是科班出身，我一直用最浅显易懂的方式解释设计这门专业的定义。设计，顾名思义是设想与计划的总和。设想是每一个人都具备的能力，差异只在于每个人的人生经验、体验和机遇不同，因而产生不同的设想模式。设想也可以视为空想，空想也可以视为想象力。因此只要可以想象，就能满足设计的一半要求。计划，反而是在社会教化下所养成的处事逻辑，也就是去规划以得到自己想要的结果。小至如何考高分，大至如何发展公司；模糊至如何选择，清楚至今天要吃什么。在这种解释下，设计的另一半也是所有人都具备的思考本能。那到底设计有什么条件，令从业者可以与另外“三师”（医师、律师、教师）一样被冠上“师”名？

我自己以设计闯出名堂，每天也以设计为业，却一直在问自己设计有什么了不起。当将设计视为有价资产，要用什么做等价的筹码？所有和我谈过的设计师，不论是国际出名的，还是默默无闻的，都认为自己的价值很高。有人认为设计是一项可以改变世界的技能，所以高尚；有人认为设计是一种辨识美感的天赋，所以物以稀为贵；有人认为设计是挑战规则的思考，所以反叛有理。但是，这些设计师不是在十年前势胜而现在式微，就是一直怀才不遇，自暴自弃。

记忆中，Philippe Starck 香港设计公司的 Yoo 来找过我，希望我可以帮他们介绍业务，让人们以一台坪[1]二十五万新台币的价钱买“世界级”的方案，而且只是方案，也就是概念，不保证可以实现。我反问，为什么他的价钱这么高。他回答，因为 Starck 的品牌就是这么值钱。不是因为他的实战经验丰富，或是提供其他设计师无法提供的额外价值，只是简单地因为他有名！这让我开始思考，客户在购买设计时，除了希望得到新的创意方案，是否也想要买到“面子”？而我身为一个创意者，是否也应该让客户有炫耀的机会？这是不是设计在资本化世界的最直接的等价？把自己塑造成一个品牌，是不是一个设计师的义务？当设计师变成个人品牌，科班讲的“设计技能”是不是就没有价值了？

1 坪是中国台湾常用的建筑面积单位，1 台坪约等于 3.3 平方米。——编者注（本书所有脚注皆为编者注）

回想起来，创业之初我就正视过这个西瓜偎大边[1]的事实。当我倾我所能请来当时世界范围内的知名设计师后，成功和喜悦并没有围绕我，反而是痛苦与不解接二连三。痛苦是因为大牌设计师们太重视自己的喜好、品位、品牌，不愿意用心思考，哪怕是最基本的尊重客户的需求，了解付费者的梦想与痛苦。不解的是一位国际知名的设计大师竟然不会画图，也不懂如何用电脑，连一个立体渲染图都要外发给国外的“专业制图”公司。对一家还未站稳的“幼儿园公司”，这些成本就是慢性毒药，一点一滴地侵蚀地基。但我却撑了两年才与他分手。为什么拖这么久？是因为我人好？这不太可能，我一直都是一个自私的人。是因为他为我带来好处？这也不太像，他从我身上咬的肉比他猎进来的单要多很多。这么多年后，我唯一可以说服自己做出这一傻子行为的理由就是我爱面子。我想用设计界的明星来为我这一个非专业出身的设计师增加别人羡慕的面子。讲到最后，设计还是无法特立独行。**设计，就只是一门生意，如同其他所有生意一样。**

用一个画面来解释我眼中的设计产业：在一个复杂的地平线上，不同的设计师用各种不同的方式表现自我。运气好的设计师会拿到足够的资源，盖出一大片属于他自己的天际线，变

1　中国台湾俗语，原意为“吃西瓜时抄起较大的那块”，比喻一事当前，做出对自己最有利的判断及选择。

成地平线上的主要焦点。在这个过程中，他还会刻意地凸显自己兼顾周遭环境了，自己有同理心与使命感。但最终呈现的，却是一个诡异多变的天际线。有将本求利的工厂、大放厥词的造梦者、画地为王的建筑商、如国王新衣般的时尚、经过包装而失去真实的食品……除了这些不堪入目的景象，整块大地还在不断地变化：时上时下，时隆时陷……在这个乱哄哄的场面中，飘浮着各种名为“设计”的气球。它们有些大，有些小；有些存在了一阵子，表皮上已经贴满各种标签；有些尚新，气还不足，一面刮着地，一面挣扎地向上；有些已经泄气，等待它的只剩下平凡。每一个设计“师”都很在意自己的设计底气足不足，外表够不够有自信，升得够不够高，却几乎没有设计师愿意正视这样的事实：一只没有绑好的气球，对任何企业都无用。飘在空中的美永远只有点缀的价值，而点缀能值多少钱，能撑多久？**连接企业与气球的那根线，才是等价关系的基础。**气球越充实，需要的线就越粗。气球与越多线连接，它的位子就越稳。

科班在教的，只是气球的形与皮要如何塑造，但里面要充什么气、如何平衡内在与外在的压力、如何建立与现实连接的线，这些知识都不曾出现在老师的脑海或教科书中。所以市场上的设计师们才会觉得自己应该完全自由，不受规矩约束，那些肮脏的资本现实不应该与他们的高尚挂钩。而我因为没有受过这类催眠，一直认定我的工作价值是连接天马与现实，这就是我的设计与其他设计不同的地方。就像所有利用价值设计的“师”，我用我的品牌装饰我的气球，用我的实力充实我的气球，再用我的战斗力织出连接资本的线。

这本书要讲的不是我的故事，不是我的历程，更不是我的成功，而是如何在乱世中落实创意，让设计的气球长出适当的连接线，使之与资本产生正确的正向连接。在开始表述前，借此机会衷心地感谢先天与后天给我的一切：

背景：即使是在现在这个时代，蒋家的光环还是有其价值的。这个价值就是我个人品牌的基础。

外表：感谢我的父母，让我在一个以影像为主要信息吸收方式的网络时代，在大众的眼里有一定的接受度。

视野：从小在一个世家长大，看到、听到、感觉到的都是一般人很难接触到的，这给了我一定的高度与态度。

性格：小孩身上都有其父母的影子，而我继承了我父亲的透彻与我母亲的固执。

经历：在我身上发生的一切，似乎同时具备合理与不合理性。这让我学会如何使用直觉。

起家：政局的变化与心态上的优越，让我选择了一条原本不可能走的道路。这一条路让我在本来的背景价值上加上我自己。

以及，与还愿意相信我有价值的各位。

六芒星

起念

六芒星起念

在寻找如何贩售设计的价值与本质的路上，我遇到一堆看了没有懂、懂了记不得、记了无法用的方程式。

每个人都有过格格不入的经验。我喜欢去日本，已经去过多次，熟门熟路。我每次住的旅馆都是同一家（我一般会住在银座的半岛酒店，因为在东京所有的“国际”五星级旅馆中，只有半岛不会管我有没有刺青。另外一间常住的酒店是京都的 Ritz），每次安排我行程的都是同一个人，每次逛的地方也都差不多。这种熟悉感让我从一个外人、一个观光客变成了半个当地的人。熟悉感越强，我就越没有害怕的感觉。

我也喜欢去夏威夷。在那里，我混血的外观，有点大只的体型，外露的刺青，美国腔调的英语，常让当地人误以为我是他们中的一员，因此他们对我总是不设防。他们让我了解到，原来当地人有许多隐瞒观光客的秘密规矩。例如，当地人吃饭自动有八折优惠。这种袒露让我有了当地的色彩，而这个保护色让我不害怕忠于原始的自己。

除了旅游时经历的群体体验，类似的事在任何社会行为中都会发生，而若接受和相容没有出现，人就会被孤立、被贴标签。在学校里，会读书的学生和会运动的学生一定各有各的地盘。会读书的紧紧抓住老师的宠爱，会运动的则尽力争取啦啦队的喜爱。公司里的老鸟和菜鸟，社会上的资方和劳方，世界上的权贵和白领……也都有类似的规则。设计这个产业也不例外，存在绝对的排他条款。如果不按照“不明文规定”的入会方式，设计师们不会轻易让外人进入设计的门。

设计其实是一门科学，要做好必须同时理解市场趋势学、人类心理学、消费行为学、文化美学、历史哲学等多门学科的知识。要在短时间内理解它们，融合它们，再重组出自己的方式，光靠看是不够的。每一家创业公司都有自己的一套学说。而只有经过传承、吸收和升级，这些学说才会与时俱进。不论是奥美、电通，还是 IDEO、BCG、麦肯锡，都有属于自己的方程式。而对于一只初生之犊来说，最直接的方式就是敲门求艺。但这对于一个不被行业接受的人来说非常困难。对奥美和电通这类广告公司，橙果只够格做下包单位，因为品牌、策略、营销本就是广告公司的专业技能。一开始在行业里争一席之地时，广告公司是一堵高墙。他们中，有创意团队愿意免费比稿，有项目负责团队不惜伤肝地陪客户聊天，有资深的经理不断地办讲座洗脑市场。因为不懂这个行业，一开始我对广告公司是又敬又恨。我的愿望也很简单，既然无法打败它，就去了解它，用别人的土补我的墙。

因缘际会下，我得到了和台湾地区的奥美高层聊天的机会。我清楚记得，一位被尊称为教授的老板亲切地教育我，奥美的成功是因为他们有一套自己的蝴蝶理论，而那是一只很大很复杂的蝴蝶。听了一个小时，除了感觉“怎么这么复杂”外，我完全拿不走其他东西。教授还骄傲地告诉我，品牌分成三个元素：企业识别、思想识别和行为识别。我好奇地问：“你如何去设计和管制别人的思考与行为？”教授回答：“这是一门很专业的学问。我们因为企业够大，所以可以从世界各地找来各种专家，专门解决这样的问题。”这个答案完全与我的自负相左。那时虽然不敢回嘴，但心中的回应却是：“如果是这样，那全世界的品牌是不是都只能由外国人主导？”离开奥美时，我除了感到空虚，还有很多不服。难道设计，一个靠个人人生经验和思维的专业，只能遵循大者恒大的规律？而且这种大比的是人多，不是实力强。这颗不服气的种子在我的心中慢慢发芽。我开始思考有没有办法设计出一个比蝴蝶理论更简单的系统。我所求的不是解决如何设计的问题，而是规划出要往哪个方向思考创意。

六芒星源起

六芒星源起

我开始看各种不同的设计理论，解构出现行的设计方案都需要先清楚地定义出目标客群，但客群的定义却完全抹灭了人的本质。人变成了一连串的数据：性别、年龄、地域、收入、受教育程度、社会阶级……人的不可控性、特殊性、可变性，都被直接排除。或许，对于要用感性设计的专业（感性设计在此的定义是用心做出平衡的设计，让受众可以直觉式地受到感染，让商业行为变成直觉式的感动）来说，把人变成物，才能显示自己不可被挑战。但人之所以好玩，设计之所以有挑战性，是因为人是一种无法被拘束的生物，他只能被引导。所以，为何要简化这一个势必会发生的挑战？

墨菲定律说道："如果有两种或两种以上的方式去做某件事情，而其中一种选择方式将导致灾难，则必定有人会做出这种选择。"我所找寻的答案，后来在乔布斯的苹果身上看到。乔布斯的态度——"人们不知道自己要什么，所以我只是做出我喜欢的东西"和"市场调研没有用"深深地回应了我的质疑。因此，我决定用人的心理状态来定义客群心态。如果连苹果、无印良品、匡威、可口可乐都无法清楚地定义其使用客群，那原先的目标客群分类基础又有什么用？苹果卖的是乔布斯的"Think Different"（非同凡想），无印良品卖的是与所有品牌的融合，匡威卖的是雅痞的自由，可口可乐卖的是欢乐。这些价值都是具有感染力的正向价值。而被吸引的人不是被他们的数据吸引，而是因他们的心态回响。

这定义出橙果六芒星的第一个角：目标客群心态。

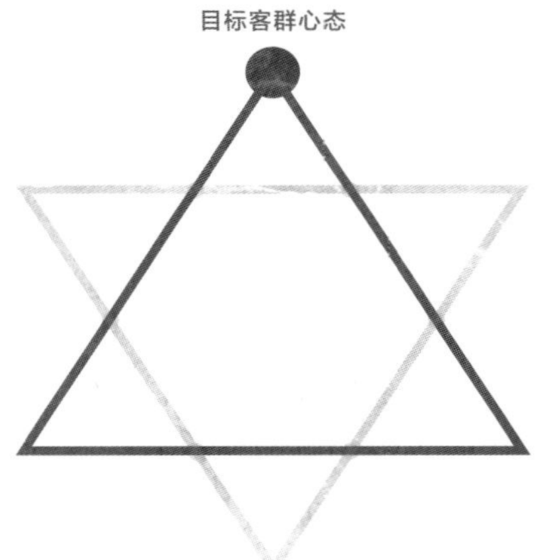

或许是因为身在政治家庭，我自小就习惯用政治的角度看事情。政治的核心就是对群众的诱导和管理，所以看懂人的心对我不是一种技巧，而是一种本能。再加上年少失势丧父，对于人心的冷暖、险恶，自有所尝。融合这些经历，再以设计的技巧分析，我总结出十三种基本的人心价值。

其分类如下：

1.
公平者
(Judge)

2.
支配者
(Governor)

3.
展示者
(Show-off)

7.
都会女爵
(Sex in the city)

8.
辛普森
(Simpson)

9.
放纵者
(Instant fun)

4.
体验者
(Experiencer)

5.
云端生活者
(Clouder)

6.
名誉者
(Professor)

10.
不完美者
(Regular)

11.
愤世者
(Solitary)

12.
无欲者
(Acceptance)

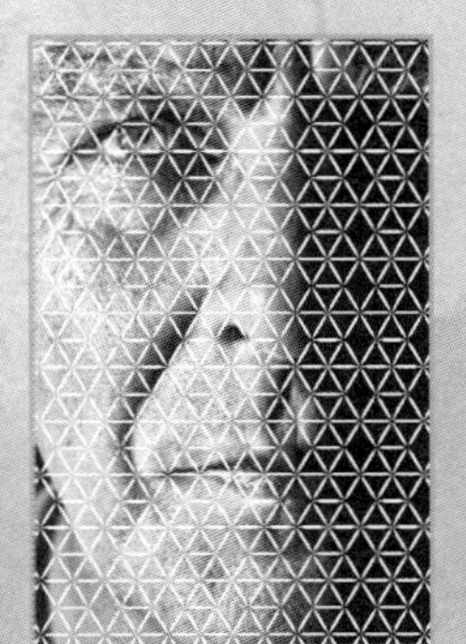

13.
无思想者
(Machine)

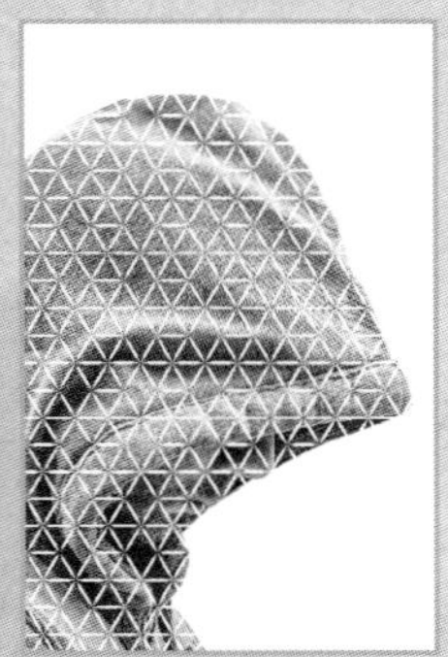

针对不同的人格，沟通的方式和密度会有所不同。举例来说，对社会上层的人来说，信息的取得是非常容易的，他们也常会借由管理不同渠道的大量信息来成就自己的事业与生活。这时，沟通的内容就要以精致和非具象的设计为主，避免让他们觉得接收到的信息和一般的信息是同档次的。他们要的是被惊喜，有尊荣感，有不可一世的优越感。也因为其生活较为忙碌，愿意抽时间出来接受新事物的时间非常有限，被内容有效地感染的时间也会相对较短。

而社会中层的人普遍有所谓的“乐观偏差”。他们上不上、下不下，在新的经济形态下也没有机会翻墙进入上层阶层，所以倾向于认为自己会经历好的事情。尤其当事情坏得越明显，他们越认定这种事不会发生在自己身上。针对这一级社会结构的人，沟通会变得非常复杂：不但要给予他们所期待的希望，也要适当利用恐惧来触发他们接受内容的意愿。

底层的人不常和所谓的公开信息接触，很多人甚至没有浏览过国外的网站，更不知道所谓的知名品牌在不断地用山寨行为来骗取他们的金钱。因此，制作沟通的内容时，越洒狗血、越直白、越琼瑶、越长，越能达到效果。

分解出这些元素时不难看出，希望和恐惧是在引导心态上最大的两个切入点。**希望在恐惧前面，卖的是中下层。恐惧在希望前面，卖的是上层。**这听起来是一个有哲学意味的定论，却不是新的东西。在金融投资业，早就在用 pain（痛苦）和 dream（梦想）作为谈判的心理筹码。

“我懂你的痛，也知道你的梦，让我来帮你……但算我优惠一点。”找过投资的人对于这一句台词一定不会陌生。这句台词对企业的创始者最有用。因为在心态上，创业者都是寂寞的，没有可以对话的人。

和经理层级（上层社会）讲多了，可能会导致他们不再相信自己。这些专业管理者有自己的逻辑与定见，给出过多的信息反而会有反效果。最直接的方法，就是谈规则（恐惧在希望前面）：你不达到一定的绩效，就不会有什么。

和其余员工（中下层社会）讲多了，会让他们有错误的认识：

“我是不是比经理强所以老板特别和我对话？”

“我了解公司的方向。”（但其实是真的不懂）

最适当的方法，是直接告知中下层的员工，短利为何（希望在恐惧前面）。人的格局与高度必然不同的这个事实，让很多的创业者同意以较低的价钱出让自己打拼一辈子的事业股份，只是为了可以与有同样格局与高度的人对等地聊天。因为当已经成功到有秃鹰愿意主动来洽谈，公司要往哪里走、如何走，一定都已经了然于心。

但是，人的定数就是永远有变量，所以一个人常常会同时具备多种人格。每一种人格所占的百分比会因为每个人人生经历的不同而有所不同。这点无法靠任何方程式和结构归类来定调，而要用自己的经历来做出相对应的主观判断。没有实际在战场待过的人，就算背熟了十三种人格，了解了希望和恐惧，也无法随意运用。这个条件对设计师来说，就是一个很高的门槛。当你听到国外的设计师们说“我会先了解你们的习惯、文化和市场，再开始设计出最适合你的解决方案”时，第一个反应往往是感动。但是当你看到他们所提出来的设计牛头不对马嘴时，就会开始质疑：“你不是要先了解我吗？那为什么还要把外国的认知和美感强加在我的身上？”

这没有什么难理解的，对于所有科班教育出来的设计师而言，对人心和人性真正的解读、了解不会出现在课程中。况且，对他们来说，中国市场只是一个可以捞钱的实验室。在这里，外国的月亮就是比较圆，因此根本不需要真正地了解中国人文，把龙、凤、牡丹、窗框……这些外国人印象中的中国元素用上，就是了解市场的一个设计。就像种田一样，没有每天体验务农的点滴，就无法了解脚下大地传来怎样的声音。我的设计，是为了让投资我、信任我的人可以用创意得到他们要的权、名、利、势、破，而不是单纯地给出只有我了解的、名为“设计”的品牌方案。

解出了最难的第一步，橙果六芒星的雏形就浮现在我眼前。我以**目标客群心态**为一角，**客户特殊价值**为第二角，**市场需求**为第三角，刻画出六芒星的第一个三角形。

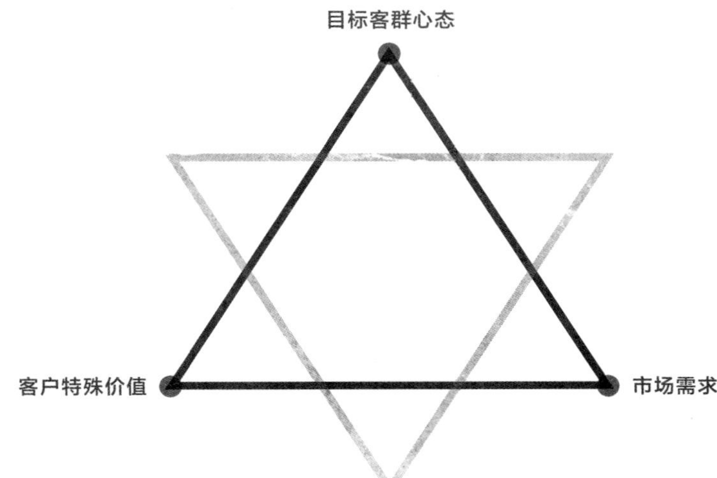

这时，我已经开公司七年了。我花了七年，才摸索出属于“自道”的一半。“难道我真的这么厉害，可以创造出一个属于自己的系统，解决一个还没有完全被解决的设计问题？”每天我都尝试将这个三角形套进所有我能想到的案例中，似乎，还真有些道理……有一天，有一个麦肯锡的前顾问来到我公司，希望面试争取我公司执行长的职位。我没有浪费这个天上掉下来的机会，在谈了十五分钟也确定他有一定的料后，我拿出了我的客群心态归类。我告诉他，只要他在半个小时内找出这份数据中不合理的地方并说服我，我就请他来橙果当执行长。之后我走出会议室，开始了故作平静却忐忑不安的等待。我从公司的左边晃到右边，坐在我位子上又站起来，不时地瞄向我的表。还有五分钟、三分钟……时间到。大步地，我走向会议室，打开玻璃门，冷冷地坐在他的对面。

“如何？有没有什么想分享的？”

“我从没有看过或想过可以用心态清楚地归类客群的动机。这真的是你写的？没有抄别人的论文？因为我在麦肯锡都没有看过这种报告！”

听到这个回答，我的心定了。我知道我已经在一条属于我的道路上。最后，我没有请他加入我公司，因为当时没有办法负担他开的条件，但他的回答却一直留在我的心中。

延伸认知：消费者群像索引

（Consumer Profile Index）

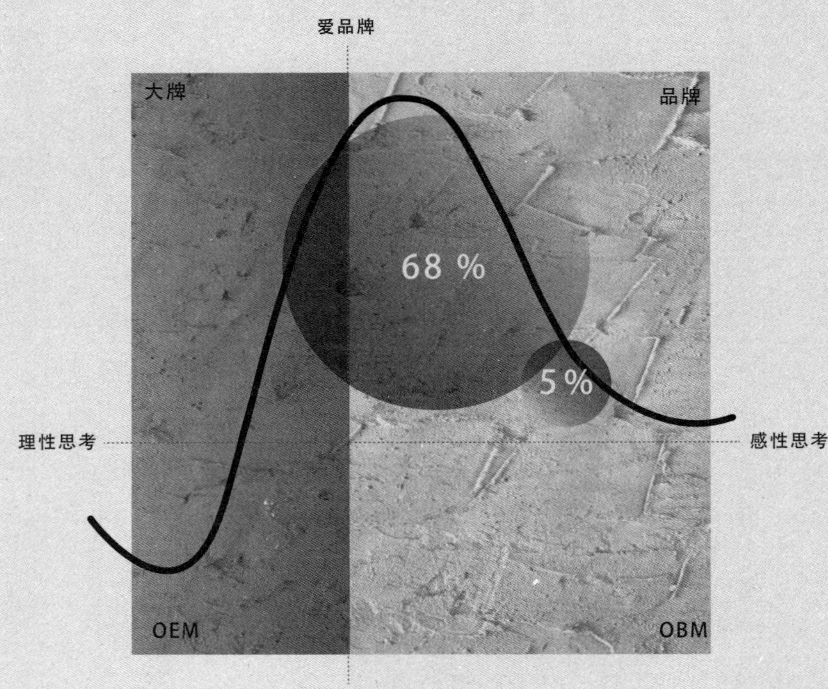
爱品牌
大牌
品牌
68 %
5 %
理性思考
感性思考
OEM
OBM
恨品牌

“5带68”

以数据来说，5%的意见领袖，可以带动68%的群众跟随。比较贴切的例子，是台湾地区在网红经济发展起来的三年所创造的经济价值，已经等同原来网购的十年经济价值。

数据已证明，群体越大，引导他们所需要的参数就越小。在自然界，一个由一百万条沙丁鱼组成的沙丁鱼群被其中的5%领导。在人的社会结构中这种行为模式也成立。试想，在十个人中，有一个人向左看不一定会造成影响，一百个人中有五个人向左看也不一定会造成影响，但在一千个人中，如果有五十个人向左看，就开始有连锁效应，一万个人中如果有五百人向左看，影响更大……以此类推，当市场规模越大时，掌控市场的“5%”就越有影响力。而这5%的影响者的判断是出自自身的“感性价值”，而非线性的“大众价值”。

独享造就分享

在互联网生活化后的“分享”式消费行为也可以用“5 带 68”来解释。因为有 5% 的影响者期望独享消费所得到的身份、故事、体验……所以商家才能够建立以“分享”为 base（基础）的商业模式。如果没有消费者愿意花费较高的价格吃高级的晚餐，又如何会有中午的“商业午餐”? 因为店家已在“晚餐”中得到稳定的收入，所以可以在不重要的时段开放“分享”。也因为如此，多数的人会想要靠近，至少模仿这 5% 的影响者。而这 5% 的影响者却尽力地保有自己的独特性，情愿增加消费负担，也不要成为 me too（我也一样）。

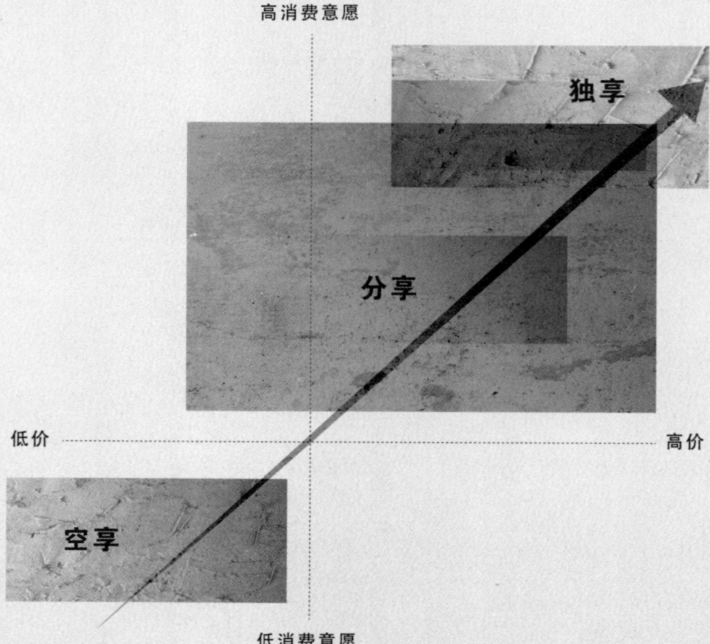

心态结构

以“5带68”和“独享vs分享”的结构来看，消费者的心态结构可以分为三大类：

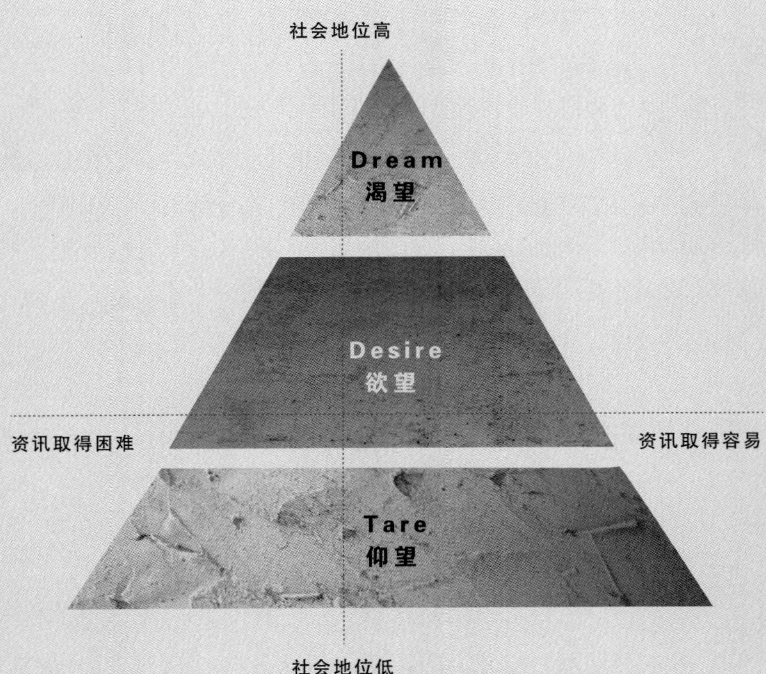

A. 5% 独享：渴望心态

这个地位的影响者都具有基本的追梦条件，不需要为生活的物质层面担心，也有足够的空间根据自己的价值观生活。所以他们想要的是一种心灵层面的理想实现。

B. 68% 分享：欲望心态

这一群追随者还在社会的结构中求成长。所以梦对于这一群消费者，必须直接与物质上的利益和享受做捆绑。

C. 27% 空享：仰望心态

坐落在这个区块的消费者，还在社会中求生存，所以并没有多余的资源或是精力思考和体验任何与现实存活无关的事物。他们所有的享乐也是在追求立即的放松效果。

态度分类

根据心态结构（追梦、追间接利益、追直接利益），可以再细分出十三种行为态度，这些态度直接影响到各个族群的消费心态、行为和形态。

简单来说，越基层的族群越适合表面价值。

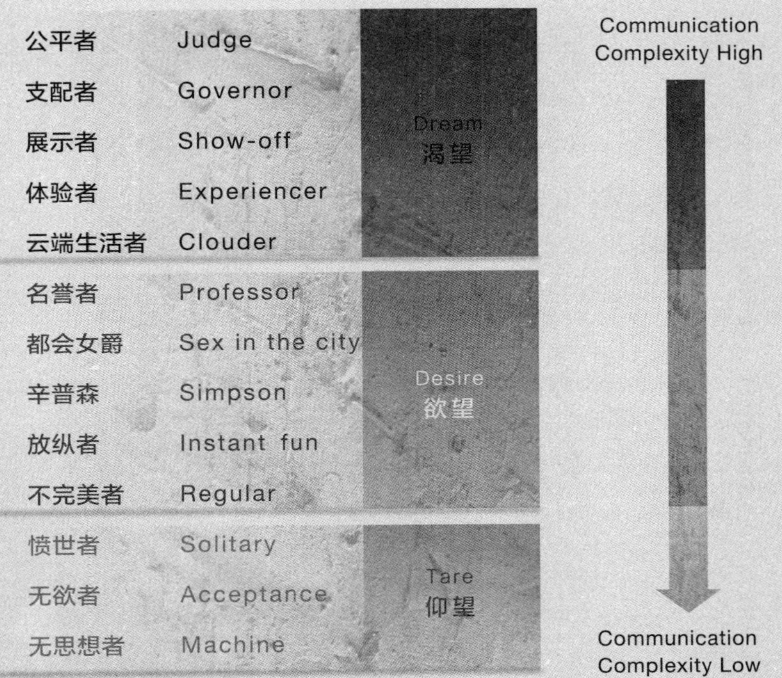

十三个细分市场

就消费者可运用的资源、行为和价值观念而言，可划分出十三个细分市场。

可运用的资源：

收入、教育、自信、购买欲、能力水平。

行为和价值观念分为三类：

一、原则：有自我观点，不被感觉或他人左右。

二、地位：为赢得他人对自身行为和观点的认可而奋斗。

三、行为：喜欢社会性的物质刺激变化，喜爱冒险，追逐潮流。

驱动13种人心价值的因子

因子	描述
成就感 （Achievement）	尽力做到最好，完成具有巨大意义的任务，比别人做得好，成功，成为受到认可的权威人士
顺从 （Deference）	接受建议，遵循指示，按他人的期望来做事，接受他人的领导，遵守惯例，让别人做决策
条理 （Order）	让工作工整有序，执行之前先做计划，保有档案，使事情运转顺畅，让事情有组织
展示 （Exhibition）	做一些聪睿的事，讲一些悦人的笑话和故事，谈论个人的成就，使其他人注意与评论自己的外表,成为关注的焦点
自主性 （Autonomy）	能够按自己的意愿做事，自由地说出心中的想法，独立制定决策，自由地做自己想要做的事，避免顺从，回避责任和义务
联合 （Affiliation）	忠于朋友，为朋友做事，结交很多朋友，开展新友谊，形成强大的连结，参与友善群体
内省 （Intraception）	观察与了解他人，分析他人的感受、动机，预测他们的行为，让自己设身处地站在别人的角度
求助 （Succorance）	受他人帮助，寻求他人鼓励，生病时希望别人也为自己感到难过，希望别人同情自己的个人问题
支配 （Dominance）	成为领袖，为自己的观点辩护，进行群体决策，摆平争论，说服与影响他人，监督他人
屈尊 （Abasement）	当有错时感到罪恶，接纳责备，感觉需要被惩罚，在主管面前显得胆小，感到低人一等，因没有办法处理状况而有挫折感
培育 （Nurturance）	在朋友有难时帮助他，很仁慈地对待他人，原谅他人，施予小惠，慷慨，表达感情，受到信赖
变革 （Change）	尝试新颖和不同的事情，旅行，结交新朋友，尝试新事物，在新的餐厅用餐，在不同的地方居住，尝试新的时尚和流行
耐久 （Endurance）	执着于一项工作直到其完成，努力进行一项工作，执着于一个问题直到其解决，在开始其他工作前必先完成某项工作，深夜挑灯直到完成为止
迷恋 （Passion）	容易对事物沉迷，充满热情，一旦认定其价值，不轻易改变先入为主的认知概念
侵略 （Aggression）	告诉其他人自己是如何看待他们的，公开地批评其他人，从他人处取乐，分派他人工作，复仇，责难他人

以下，我将对这十三个细分市场做具体论述：

金字塔顶端

当成就感和物质享受都达到顶端时，人就会开始追求心灵上的满足。因此，这个区域的人除了非常了解自己适合什么外，也很执着于留下值得被世人回味的事迹。

1. 公平者（Judge）

公平者多数是市场中的佼佼者，因建立了新的市场规则而创造出自己的帝国。

因为已经得到超额的金钱与超然的成就，所以喜欢投入多数的私人时间在“大我”生活的提升上。

对于物质的享受回归简单，不追求流行，喜欢品质好又具内涵的商品。

成功、活跃、领袖群伦的人士，具有强烈的自尊心且拥有丰富的人际资源。对自我成长极感兴趣，经常设法发展、探讨和表现自我与周遭社会的互动，有时坚守原则，有时则意图产生影响，想要改变局面。很重视形象，并将之视为地位或权力的象征，且是为了表达自己的品位、独立自主及人格，以达到身为公平者的形象。兴趣很广泛，关心各种社会议题，对各种变迁保持开放心胸。

基本恐惧	怕自己犯错、变坏、腐败、不被信任
基本欲望	希望自己是对的、好的、有诚信的、被信服的
对自己的要求	信息掌握、人际关系的掌握
特质	善恶分明，秉持普世价值观；做人公正，有节制，不过度偏颇；处世和谐、有原则
顺境（被认同时）	追求更崇高的理想，并且积极地推动周遭形成共识
逆境（不被认同时）	个人价值信条仍旧不受影响，理想支撑意志，不受困顿影响
处理感情的方法	不喜形于色，处世态度有保留和某种程度的压抑；将感情注入正在执行的工作或活动之上；属于信奉教条和道德规则的人

身体语言	可以长久保持同一姿势；面部表情亲和，变化少，不会有夸张的表情；讲话方式 / 语调普遍风趣、具有魅力；不断重复信息，重视表达；行动速度偏慢，声调和缓
常用词汇	应该、不应该；尽量正确、避免错误，平衡
工作环境	环境稳定不变；严谨地看待流程细节；大部分时间在与人沟通、协调、给予指令
性格	均衡性格：压抑自己以免表现出愤怒、憎厌、嫌弃、吝啬等负面情绪；吹毛求疵；支配、驾驭、控制；完美主义；自我批判；追求高度自律和他律
关键	过强的责任感；“我不做谁做”；“还是我做更好”；执着于纠正、组织、控制环境；将焦点放在中庸与平衡上
生活	重视生活周遭各项总体素质，关心社会议题，积极参与环保、慈善、公益等活动，在社团、组织内普遍拥有领导的身份，家庭事宜通常交由配偶打理，完全的对外发言人角色
消费	走精致低调的消费路线，重视产品质量胜于品牌；通常不具备消费决定权，但是公平者的消费建议通常能被信服，所以容易成为商业营销的代言人，和市场消费者进行沟通
年龄	以40～49岁为主体
出现公开场合	米其林三星餐厅、酒庄、高尔夫球场、商业领袖会议、大型商展、慈善晚会、宗教集会场所
职业	属政商两界固有或新崛起的意见领袖，但仍然继续寻求挑战
休闲	动态：艺廊、收藏展、赛马场、高尔夫球聚会 静态：品酒会、读书会、歌剧、音乐会
购买因素	大众流行（如：iPhone）、口碑、商业杂志 / 报纸；搭配身份地位
因子	首要：联合、自主性、内省 次要：变革、耐久

2. 支配者（Governor）

支配者和公平者在社会成就上有着极大的相同处，但在心态上却有一个基本的不同。公平者对于公共议题较有兴趣，而支配者只对和自己相关的私事有兴趣。

因此，支配者的消费行为，多数以提升自身所拥有的物件之价值为考虑点。

在消费时，只要是不好被支配或搭配的商品，都不会是支配者的身份配件。

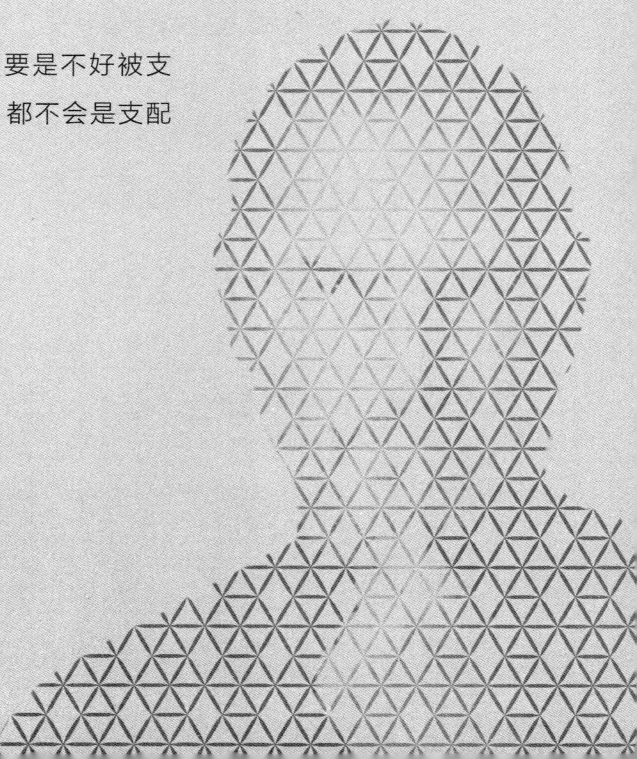

以事业和工作为优先的成功人士，喜欢掌控生活中的各种事物。较强调和谐和稳定，不喜欢风险，对亲密关系和自我探索不以为然。在工作上非常投入，但并未忽视家庭。工作为他们提供了责任感、物质回报和声望地位，社交生活反映了这个事实，并以事业、家庭和教堂为核心。在生活上传统，在政治上保守，尊重权威和现状，重视形象，偏爱能够向同侪展示其成就的高价位品牌商品或古董名画。拥有摄影机和电脑的比例高于一般消费者，也较常从事户外活动，并喜爱阅读商业杂志和品酒。

基本恐惧	被认为软弱，被人欺骗、控制、侵犯
基本欲望	坚定自己在生命中的方向，捍卫本身的利益，做永远的强者
对自己的要求	没有不可能的事，只要自己想要，就会全力达成
特质	彻底的专权主义者，敢冒险，是风浪中的掌舵人、创业者，任性坚持自己认定的方向、好战，不相信自己之外的权威
顺境（被认同时）	英雄人物，勇敢，有自信，具备天生的领袖魅力
逆境（不被认同时）	独断专权、更具攻击性，完全漠视别人的意见，欺凌处境更弱者，膨胀自大，复仇心重
处理感情的方法	疑心病重，不与人过从甚密，对人防卫性强，不让人接近，强化武装外壳，防止在情感上受伤

身体语言	身体前倾、手直指、教导式、大动作；面部表情严峻、不易亲近；讲话方式坚定自信、语调高亢
常用词汇	照我的方式、告诉你就是这样；为什么不能？能不能更好？
工作环境	处于领导地位，控制组织的运作；喜欢充满挑战和竞争的环境、处境
性格	意志坚强、直觉性逻辑思考 、积极面对挑战、自我防卫心重
警钟	执着、追求变好变强，忽略周遭感受；恐惧依赖，认为自己不需要任何人，独立才是最好的自保；不喜欢听命于人，宁愿冒险创业；希望在竞争之中占上风
消费	走完全实利主义的消费路线；由于个人的特殊品位，更容易在品位和实利的融合之下引领时尚潮流，使人跟随；重视产品质量和品牌，能够显示身份或达到功利目的的商品容易得到他们的青睐（例如：千万会员证、无上限信用卡）
年龄	以45～55岁为主体
出现公开场合	办公室、品牌 / 商品发表会、五星级酒店、机场贵宾厅、私人招待场合、雪茄馆、酒馆
职业	多属商界总裁、董事长、公司行号负责人、媒体老板
休闲	动态：登山、跑车、游艇、帆船、高尔夫球、自行车 静态：棋牌、艺术品收藏
购买因素	商业杂志、电视财经频道、报纸平面广告
因子	主要：成就感、侵略、自主性 次要：条理、变革

3. 展示者（Show-off）

展示者的成功多是建立在自身的知名度上，是经典的公众人物代表。这一类人非常在乎在公开场合的形象是否和屏幕上的形象一致。

所有的行为模式都是为了建立更“适合获利”的知名度。所以对于时尚、时事与公益，皆有涉猎的必需性。

拥有充裕可支配收入的展示者，对于包装自己的外观十分重视，他们在意品牌的当季信息，掌握时尚趋势脉动，生怕自我形象与时代脱节。因为工作需要养成展示者性格，他们大多属于媒体感兴趣的对象，大多能够引起一般民众注意，因此相对较容易造成消费影响。

展示者通常同时具备两种性格，除展现自我形象之外，他们也重视个人和家庭隐私，所以在个人生活上极为重视低调和隐秘性，消费或休闲的场域大多有进入门槛。他们亦偏好有专属服务的消费。

基本恐惧	一成不变、落伍、被讨厌
基本欲望	找到自我，在内在经验中找到自我认同
对自己的要求	被喜欢、喜爱，让人们仰慕、向往
特质	拥有浪漫心态，常在心中营造幻想；喜欢通过有美感的事物包装自己和表达个人的感情；独处时却表现出内向的特质，情绪化，容易忧郁及自我放纵，追求独特的经验
顺境（被认同时）	创造能力强，最有直觉，最有灵感，触感最敏锐，最容易出现自满骄傲的态度
逆境（不被认同时）	自我封闭，自我破坏，容易产生无助、无望的感觉，扮演受害者，沉沦在痛苦中；容易借由药物、酒精来逃避现状
处理感情的方法	寻求真正了解他们并支持他们的人；恐惧平淡、被遗弃、寻找不到真我。对人若即若离，却又依赖被人支持的感觉

身体语言	刻意地优雅，没有大动作，慢；面部表情多；讲话时用清晰的抑扬顿挫来表达情绪，言语间容易出现夸大、表演性质的措辞，语调依据想呈现的情绪转变
常用词汇	好看吧、好……、超……
工作环境	工作环境自由自在；单独工作，有创意；不必做重复性的工作
性格	容易嫉妒；自我形象高；擅长玩感情游戏；情绪不稳定，但常要隐藏于外表之下；自视过高，蔑视人；扮酷；不喜欢被侵犯
警钟	利用幻想去加强感受；以内在感受作为自我认同的基础；内在感受经常转变；自我认同经常转变
生活	虽然展示的一面光鲜亮丽——出现在品牌的时尚派对，是媒体关注的对象，但私底下十分重视隐私，且十分重视家庭或子女的教育、健康问题。居住地一定选择城市首善区域，家居摆设普遍豪华
消费	重视品牌、商品的价值，喜爱限量、独有的商品，如定制化的个人专属商品
年龄	以45～55岁为主
出现公开场合	隐秘的高级餐厅、时装秀、私人派对、知名夜店、演唱会、球赛包厢
职业	明星，模特儿，公平者、支配者的配偶、小孩，社交名媛，公关，贵妇，新富二代
休闲	动态：跳舞、瑜伽、健身、高级游泳俱乐部、高尔夫球、骑马、重型机车、逛街 静态：SPA、看杂志、喝咖啡
购买因素	时尚杂志广告、电视悠闲娱乐频道介绍、名人朋友推荐
因子	主要：展示、迷恋、变革 次要：成就感、求助

4. 体验者（Experiencer）

随着社会观念和科技的进步，中性（同性恋）市场已成为主流趋势的制造者。因为没有家庭的负担，这一类消费者有充足的资源来体验人生。毕竟，这是他们生活的唯一目的。因此，对于新奇的事物，体验者通常会有浓厚的兴趣。但整体的表现手法必须是时尚的，方能满足他们的要求。他们对于体验的细节也非常重视。

这些心态年轻、精力充沛、冲动而叛逆的人士，不断寻求变化和刺激，喜欢不按牌理出牌，热衷于冒险。其生活价值观和行为形态尚未定型，容易被新事物吸引，但也很容易对其失去热情。他们鄙视现状和权威，但对别人的财富、地位和权力抱持敬畏之心。他们把精力发泄在运动、户外休闲和社交活动上，不吝惜将大部分所得用于服饰、快餐、音乐、电影等的消费上，并且在价值观上趋于自我设定。他们对物质财富或世界事件不感兴趣，喜欢国际品牌和新产品，与其他细分市场的用户相比，具有更大的冒险性。

基本恐惧	感情空洞、生活无趣、衰老、虚弱
基本欲望	乐趣、新鲜感、刺激、多元化娱乐、不同生活体验
对自己的要求	求新求变、与众不同、勇于挑战现状
特质	叛逆、不喜欢盲目跟随；喜新厌旧，但如果认定了某种喜好，也会维持很久、投入钻研很深
顺境（被认同时）	设法找出让人出乎意料的事情做，具有某种存在于性格之中的叛逆
逆境（不被认同时）	依然故我，自我认同感比被认同重要
处理感情的方法	寻求并依赖了解他们并能和他们一起体验的人；恐惧平淡或者相处时无法出现火花的情形

身体语言	无法久坐、时时需要摸东摸西，神经容易紧绷，因随时准备应付环境随时可能出现的挑战（即便是没有）
常用词汇	现在吗？我要去；好玩吗？
工作环境	多元化，好玩，有创意；有挑战性，越少规条越好
性格	躁郁型性格：需要大量关注；行动力强；认同流行，但必须预先体验；有注重外表的倾向
警钟	利用幻想加强感受；以内在感受作为自我认同的基础；内在感受经常转变；自我认同经常转变
生活	将勤奋工作作为生活挑战和体验的一部分，重视生活的丰富，不愿意被拘束，大多出现在人多的娱乐场所，如热门的夜店、K歌房，周末大多出现在咖啡店、早午餐餐厅，并且乐意与人接触
消费	重视质量，更喜欢那些让他们在生活上获得更多体验的产品；因为希望适合自己，对于个性化的设计有好感；对于消费仍有控制规划的概念，因为他们视金钱为保障生活质量的必需品
年龄	以20～39岁为主体
出现公开场合	百货商场、书店、咖啡厅、健身房、艺术品商店、旅游景点
职业	服装造型师、流行产业公关、杂志编辑、设计师、广告人、作家
休闲	旅行、看展览、酒吧、健身房、电影院、服饰精品流行区域
购买因素	口碑、时尚精品杂志、国外电视休闲娱乐频道、Discovery（探索频道）
因子	主要：联合、自主性、展示 次要：变革、迷恋

5. 云端生活者（Clouder）

一群高科技的拥护者和用户。多数都依赖智能手机来为他们管理生活。所以，对于虚拟世界的信息会主动地关心和相信。因此，科技产品成为云端生活者的主体，其余的反而变成配件。

科技生活的爱好者对科技便利性仰赖极深，消费流程着重于信息的搜集和比较。倾向于在网上发表消费体验的观察报告，是网络口碑的主要贡献者。他们的品牌忠诚度高于一般消费者，一旦被这群人接受，品牌相对来说会多出许多拥护者。他们可能同时有三台以上最新的产品。花在电脑上的时间多于电视，拥有多任务型人生，可同时处理多项事务。

基本恐惧	没有成就，一事无成
基本欲望	创造价值，成功，进步，生活的便利
对自己的要求	必须取得工作上的成功，对公司和朋友有贡献
特质	重视名利，是个实用主义者；在意自己在别人面前的表现；让人看到最好的一面，喜欢出风头
顺境（被认同时）	认真思考下个目标，并且信心满满、充满想法
逆境（不被认同时）	沉溺于物欲，排斥建议，替自己找到适合的环境
处理感情的方法	压抑，令自己忙碌；以成就掩盖痛苦；虽然愿意随波逐流，然而经常不守规则、走捷径

身体语言	动作快，转变多，手势幅度大；面部表情：目光直接，刻意地不表露感受；讲话方式 / 语调：夸张，喜欢讲笑话，大声，声线不尖不沉
常用词汇	可以、没问题、保证、绝对、是的
工作环境	动态工作；单独工作；掌握度高的工作，属于辅助、幕僚型的工作形态
性格	自我管理，效率导向，责任心重，重视工作表现
警钟	将个人价值维系于外在成就之上；以事业成就标榜个人；拥有地位的象征物（奖状、房屋、车、文凭……）
生活	追求高科技产品的更新，并且为新产品的第一批用户；将消费商品视作改良生活、提高效率的工具，因此在生活上尝试、实验精神高；不会将金钱浪费在不实际的享受上
消费	对功能性产品有好感；对时尚美感的重视度低；重视性价比（C/P），相信自我体验胜于口碑，因而成为口碑的制造者
年龄	以20～45岁为主体
出现公开场合	办公室、机场、高铁、商务型酒店、电子产品卖场
职业	特别助理、经理级干部、证券交易员、软件设计师、工程师
休闲	动态：逛街、登山、骑脚踏车 静态：上网、阅读、发表博客文章
购买因素	机上杂志、男性杂志、计算机杂志、商业财经杂志
因子	主要：条理、耐久、内省 次要：联合、顺从

金字塔中端

在中间的一群人，朝着“向上挤”的方向前进，因此所追求的都直接与“利”相关。

6. 名誉者（Professor）

对名誉者来说，事业上的物质成功是较难达到的，但学术和专业上的认同却可以借由努力换得。对他们来说，物质上的成功已经是一个被放弃的目标，唯一可以证明自己价值的只有坚守名誉，所以他们通常都自命清高。但其周遭的人却因为长期被名誉压迫，所以对于放纵式的消费有着极大的渴望。

这个类别的人重视秩序、知识和责任，是生活舒适但持

续省思的成熟人士，大多受过良好教育，从事专业工作（或退休未久）。他们关心世界和国家大事，关注各种拓展知识的机会，对事业、家庭和生活状况感到满意，休闲活动以家庭为中心。他们对现状和权威保有适度尊重，但对于新构想和社会变迁保持开放心胸。他们通常会根据自己所坚持的原则来抉择，因此显得冷静而有自信。他们是保守而务实的消费者，注重产品的功能、价值和耐用程度。

基本恐惧	无助、无能、无知
基本欲望	能干，知识丰富
对自己的要求	在知识的领域表现出深度和广度
特质	热衷于寻求知识，喜欢分析事物及探讨抽象的观念，从而建立理论架构
顺境（被认同时）	理想主义者，对世界有深刻的见解，专注于工作，并且能够产生有价值的新观念
逆境（不被认同时）	愤世嫉俗，对人采取敌对及排斥的态度，自我孤立，夸大妄想，只想不做
处理感情的方法	喜欢用抽离的方式处理，仿佛是旁观者；100% 用脑做人，不喜欢群体协作

身体语言	双手交叉于胸前，上身后倾，跷腿；面部表情平静，皱起眉头；讲话方式 / 语调：刻板，刻意表现深度，没有感情
常用词汇	我想、我认为、我的分析是、我的意见是、我考虑的是
工作环境	理论，逻辑，复杂；单独工作，无时间限制；不必管理别人
性格	抗拒感情牵连；延迟采取行为，知难行易；认知导向；常有空虚感；习惯长时间独处，希望不被骚扰；有特殊专长；缺乏日常生活技能；想象能力极高，思考过多时容易产生恐惧
警钟	感觉生活被别人或自己认为不重要的事掩盖时，会退避入思维世界；从客观和安全的立场评估环境；与实际情况脱节
生活	注重名誉地位；对生活比较无感、较少参加社交活动；生活上的事宜时常仰赖家人的配合和协助；大部分时间都在静态的活动中度过，对于能够启发想法的活动都愿意尝试
消费	对奢侈品的态度趋向保守，消费前重视商品的口碑和影响力，重视他人意见，但同时又对他们抱怀疑态度。就算如此，多数时间的消费决定还是会以家人朋友的意见为主，相较于一般消费者，大多采取“犹疑未决”的思考模式
年龄	以45～64岁为主体
出现公开场合	学校、书店、美术馆、茶馆、公园
职业	教职人员、作家、画家、艺术家、雕刻家、书法家等“师级”人物
休闲	动态：散步、登山、园艺栽植 静态：看书、绘画
购买因素	家人朋友的建议
因子	主要：条理、内省、培育 次要：耐久、迷恋

7. 都会女爵（Sex in the city）

多数的都市女性已不再以“家”为生活的重心，而努力追求事业上的“认同”。她们喜欢犒赏自己，并让自己的自信得以显性地表达。这个族群非常关注流行趋势，会把赶潮流和自己的成功画上等号。

女性主义者相信，男性可以做的，女性能做得更出色，因此致力于在工作上表现自己，希望获得上司肯定。她们会购买奢侈品但非经常性购买，一般拥有不超过三个名贵包包，且多为经典款式。她们大多数时间处于精神紧绷的状态，因此能够放松精神的小物品尤其让她们感兴趣。她们对于好吃好喝的东西有需求，会将它们视为宣泄压力的出口。

基本恐惧	被剥削，被困于痛苦中
基本欲望	追求快乐、满足，得偿所愿
对自己的要求	如果我能得到我需要的一切就太完美了
特质	外向，不压抑自己的情感，见闻广博，物质主义，喜欢探索新鲜事物，深谙自我娱乐之道
顺境（被认同时）	拥有鉴赏力，令人喜悦，懂得充分享受生命，热情洋溢，活得精彩，多才多艺
逆境（不被认同时）	粗鲁无礼，对人具攻击性，极度自我中心，为了满足自己的需求而伤害别人，沉溺逸乐，有时冲动得令人讨厌
处理感情的方法	会逃避痛苦、空虚感，不愿面对自己可能是别人痛苦的来源的事实；过分强调个人的需求，很容易觉得照顾别人是负担

身体语言	拨弄头发，展现风情；面部表情：开怀大笑或酷酷地不笑，很少微笑，有不屑的表情，有时会瞪着眼睛看别人；讲话方式：随性、语不惊人死不休
常用词汇	管他呢，爽，用了/吃了/做了再说
工作环境	多元化，有趣，兴奋，多变；工作环境随便，无固定架构，时间自由；用创意的方法解决问题
性格	强调个人主张；沉溺美食，不易知足；放任式的享乐主义；口甜舌滑；极端自恋
警钟	永远不满意现状；被将来可能发生的事情吸引；不懂得欣赏目前的生活；不会生根；没有深度
生活	工作态度热忱，视工作为提升生活质量的必要手段；与三五好友定期聚会；大多抱持单身主义，要不就晚婚；极度重视生活品位，但主要的时间还是会拨给工作
消费	日常消费谨慎，但对于有助于实现其在工作上的外在展现的支出十分舍得；可支配收入低，网络消费占比大；周末假日大多忙于工作，平日晚上的休闲生活才是她们舒压的方式；倾向于有计划的消费支出
年龄	以20～39岁为主体
出现公开场合	百货公司、下午茶咖啡厅、知名餐厅、小酒馆
职业	白领、秘书、营销企划人员、特别助理、流行产业公关
休闲	动态：逛街、瑜伽、交际、旅游 静态：按摩或其他舒压方式、看电视、上网
购买因素	同事口碑、时尚杂志广告、网络信息
因子	主要：迷恋、展示、顺从 次要：自主性、联合、变革

8. 辛普森（Simpson）

这是一个宅族群。在金融风暴和“温室效应”的影响下，家成了很多人的避风港。因此，宅经济开始崛起。

对于辛普森来说，指尖的方便性非常重要，只要可以不离开家，他们非常愿意选择相信“陌生”的事物。他们也是电玩、网络商城和电视购物的主要客群。

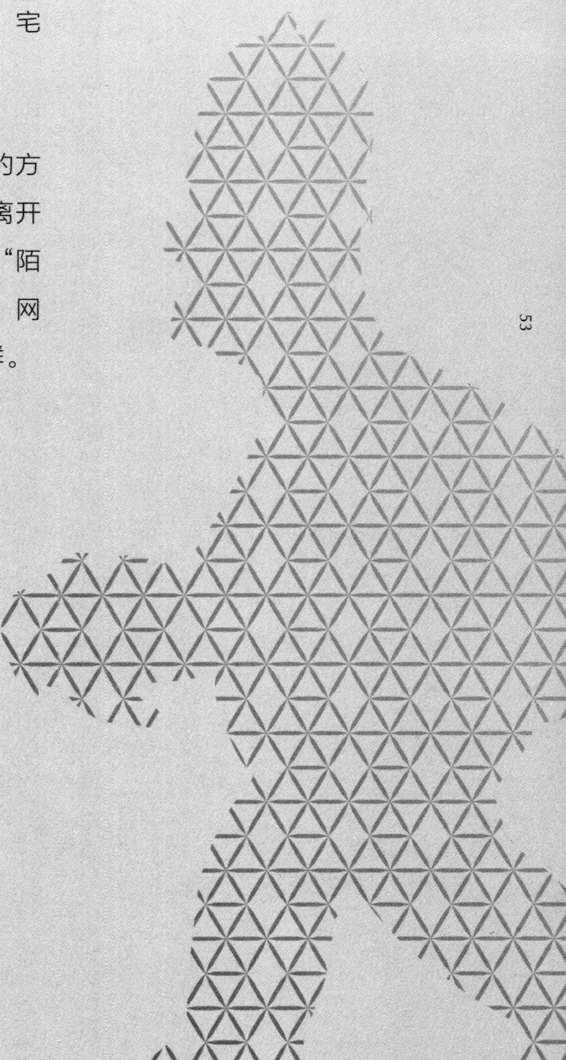

沉溺于虚拟世界，对自身在社会上的定位认识模糊，消费行为较为不稳定，有钱的时候乱花钱，没钱的时候谨慎、不消费，对理财较没概念。

在家上网看电影、购物、玩游戏。虚拟世界的朋友很多，但因为很少接触外界，生活和交际技能生疏。

基本恐惧	不被重视、被忽略
基本欲望	人生得以进阶，经济上更富足，人际关系更好
对自己的要求	避免承担责任，希望能够平安、悠闲度日
特质	内向、专注于自己的世界，对于有兴趣的领域很愿意投资；无时无刻不想发表意见
顺境（被认同时）	四处分享自己的心得，特别喜欢在网络论坛中发表言论，将丰富的信息共享给同一社群的朋友
逆境（不被认同时）	仇视、言语攻击比自己差劲的人，抱持着“我不被认同，那我也不认同别人”的立场；爱说风凉话
处理感情的方法	拖延、含蓄、不擅沟通；一旦确定某种关系成立，将会投入、沉溺其中

身体语言	紧张时抓头或推眼镜，说话时嘴型夸张
常用词汇	我早就知道、你好弱、看吧、好啦快好了
工作环境	沉闷，一成不变、规律、程序化
性格	双重性格，外在木讷迟钝，内在活泼、意见特多
警钟	对现实生活的种种采取不在意的态度，但如果个人领域、特殊喜好和兴趣遭受入侵、质疑，则容易陷入歇斯底里
生活	年轻，刚进入社会，工作状态不稳定，收入低，少部分还依靠父母供养；重视个人生活胜于家庭和社交生活；抱持着与世隔绝的生活态度
消费	可支配收入低，消费观念保守，倾向留在家里；多使用信用借贷服务，对奢侈品不太关心，对外国品牌兴趣不大；对商品质量要求低，认为堪用即可，所以重复性消费低；网络消费为消费大宗，相信广告夸大其词的推销语言，不过，也会愿意为了想拥有的梦想商品而省吃俭用、存钱
年龄	以20～39岁为主体
出现公开场合	电玩展、电子商场、漫画店、网咖
职业	学生、打工族、社会新鲜人
休闲	动态：打球 静态：看电视、网络游戏、网络社群交友
购买因素	电视娱乐频道、网络消息、同侪交流、网友
因子	主要：屈尊、求助、耐久 次要：联合、顺从

9. 放纵者（Instant fun）

随着社会的不安定性提升，及时行乐变成了一种中下阶级的信仰。他们虽然收入不高，却很愿意活在当下；对于金钱的观念很差，但对于享乐的细节却非常懂。

放纵者们在周遭的世界中寻求人生意义和肯定，致力于在生命中找到一个安全的驻足点。对自己缺乏自信加上缺乏经济、社会和心理资源，让其非常在意别人的意见和认可。他们用金钱来界定成功，但并没有足够的金钱，并且认为上苍对他们太苛刻。他们喜新厌旧且冲动行事，其中有不少人热衷于追逐流行。他们仰慕那些拥有大量物质财富的人，但其愿望通常远非自己力所能及，在许多产品的拥有比例上都低于一般消费者。他们较少阅读。不吝惜将金钱花费在衣服、音乐和新商品上。

基本恐惧	失去目前累积的物质财富，失去经济来源，没钱
基本欲望	即便不用付出，还是可以不断有钱花
对自己的要求	与众不同，让自己成为别人嘴里的最好
特质	只要我喜欢，有什么不可以
顺境（被认同时）	首先合理化现有的作为，成群结队地共享同样的生活机制，互相说服
逆境（不被认同时）	持续作为，并且夸大行为；基本的叛逆精神；当自我无法负荷压力时，通常转向消极逃避，如滥用药物、酗酒等
处理感情的方法	自我意识重，利己的现实主义者，情感的衡量来自利益的交换对价
身体语言	跷脚，身体歪斜，易打哈欠，托头，倚靠、接触他人身体

常用词汇	没钱花、少来、快点帮我
工作环境	简单，无须费心费力，与自己的兴趣相关，常换工作
性格	浪漫天真，不经思考，不想付出
警钟	青春不再；压力逐渐累积，形成长期的压力，尤其当面对家庭或感情上的变故时
生活	可支配收入低，但是积极、想方设法地去获得奢侈品；外表光鲜亮丽，但是皮夹内没有现金；借贷状况频繁发生；追星，崇尚品牌和时尚，根据最流行的风格进行穿着打扮，普遍有明星梦
消费	爱慕虚荣，常购买超过自身购买能力的物品；喜欢标新立异，限量商品对他们的吸引力大；希望获得同侪的肯定；对于“限量”“特价”“新潮”等广告用词无抵抗力
年龄	以18～25岁为主体
出现公开场合	精品店、百货公司、新奇小店、下午茶店、咖啡厅、夜店、KTV
职业	年轻的学生阶层或刚进入社会的新鲜人，夜猫子，跑趴族[a]，打工族，夜店工作者
休闲	动态：跳舞、喝酒、逛街、购物 静态：上网
购买因素	朋友圈内的口碑、时尚杂志广告、网络购物商城、特价销售、名人推荐
因子	主要：迷恋、展示、联合 次要：变革、求助

1　中国台湾用法，“趴”指代“party”（聚会），“跑”则表示一个晚上可能要跑好几场、参加多场聚会。

10. 不完美者（Regular）

这个族群已经接受自己的平凡，并对于提升自己的价值不抱有希望。他们通常以集体活动为主要活动方式。对时尚不感兴趣，对明星却有偏执的热爱。

不完美者，安于现状，重视家庭理财和日常生活的消费，

不做额外的花费。他们主要的娱乐休闲支出不会花费在自己身上，而会为了子女、父母而支出；顾上顾下是他们的特质。

他们对明星的热爱来自对自我梦想的满足。他们一方面想要变得不平凡，一方面又安于平凡。特价、促销等营销手段对他们比较有吸引力，“最新”、“最时尚”、文化美感等因素对他们起不了作用。对于公众议题，他们在意与自己生活相关的部分，也会积极地维护自己本有的权益。

基本恐惧	无法掌握的人事变化，天灾人祸等
基本欲望	安稳地过日子，父母、子女、伴侣、家庭能尽遂己愿
对自己的要求	尽力对所有事负责，尽力掌控所有事，愿意付出
特质	稳重保守，不投机，不享乐
顺境（被认同时）	视为人生的成功，特别需要获得家族内部的认同，秉持传统的、亚洲家庭的成功价值观
逆境（不被认同时）	愿意不断尝试，甚至坚持己见，认为不被认同是沟通的缘故
处理感情的方法	内敛含蓄，寻求他人的意见

身体语言	双手交叉于胸前，摸下巴，摩挲肩膀
常用词汇	我觉得你需要、我认为你可以
工作环境	信息归档整齐、环境维持固定状态，物归原位，特别注意环境的清洁卫生
性格	谨慎，积极视事，在乎生活细节
警钟	不被他人需要时，子女长大、家庭空巢期、更年期都会给他们造成压力
生活	年龄阶层偏高，在社会上属于高不成低不就的群体，人生没有特别的机会和关系可以再突破；安于现状，足够养家糊口即可，时时注意电视上的新闻、娱乐资讯
消费	属于所谓的芸芸大众，消费行为通常倚靠亲友口碑，人云亦云；不追求特别，也不愿意落后，主要消费在大卖场、超市；若是愿意花大钱，也必定是为了子女的教育，或其他使下一代能够避免成为像自己一样的不完美者的投资
年龄	以35~54岁为主体
出现公开场合	演唱社团、舞蹈社团、小区文艺活动、爬山、电脑展、大卖场、传统市场
职业	大多是中级公务员，或是一般地方性企业的中级职工、学校的教职人员
休闲	动态：公共游乐区、郊游、爬山、小区活动 静态：阅读报纸、看电视
购买因素	电视购物广告、促销特价广告、明星、人气商品
因子	主要：顺从、屈尊 次要：耐久、培育、联合

金字塔下端

这是处于底层、还在求生存的一群人，因此，即时性的物质享受可以让他们稍微脱离现实，得到暂时性的放松。

11. 愤世者（Solitary）

在社会结构底端的人是分享不到多数的资源的，但网络的普及为他们提供了一种低消费甚至是免费的“传媒”，底层的族群开始有了抗争的意识和武器。这群人对现有的社会结构充满敌意，并希望借由改变社会规则来为自己争取更多的权利。

长期受社会资源不均分配影响的这群人，对现状有想法，却没有资源或门路可以改变自身的处境。由于网络资费便宜，愤世者逐渐有渠道得以诉求不满，但是仍旧不会受到重视。在压力和不满的状态下，他们只能在心中呐喊着对现实的不满。他们对物质生活的需求很低，同时敌视拥有资源和生活富裕的人。他们对于巩固仅有的权利十分在意，因此就算不满资本社会的体制，也不得不一边埋怨一边接受。

基本恐惧	仅有的权利被剥夺，求助无门
基本欲望	被重视，资源的公平分享，权益的维护与扩张
对自己的要求	一边抗争一边活下去
特质	愤怒、不满、仇视的眼神；悲观和负面的想法和态度
顺境（被认同时）	积极、活跃、结交志同道合的伙伴，奋力想改变什么
逆境（不被认同时）	默默、独自承受，同时持续累积不满的情绪；态度桀骜不驯
处理感情的方法	压抑、沉默、闪避、逃离；不善于表达想法

身体语言	身体蜷缩、无法挺直；眼神尖锐、面无表情；说话音调低、音量小
常用词汇	反正就这样、也没办法、离谱、与我何干？
工作环境	无法在同一个工作环境久待，工作环境时常变换，零工性质，需耗费体力
性格	阴晴不定
警钟	无力负荷抗争
生活	中青年阶层，学历不高，工作不稳定；蜗居、蚁族阶层，收入大多用于维持生活，不时需要借贷，对生活现状不满，不相信媒体展现的美好现实；对信息的获得不在意，也是各类人的最低
消费	对品牌和昂贵的商品无感；山寨商品的主要消费群体；主要在传统市场进行消费，并限于传统的交易范围
年龄	以30～49岁为主体
出现公开场合	大卖场、传统市场
职业	传统市场、建筑工地服务人员，工厂作业员，小摊贩
休闲	看电视新闻
购买因素	特价、电视广告
因子	主要：屈尊、迷恋 次要：侵略

12. 无欲者（Acceptance）

这个族群有一点非常特别：他们清楚地认识到自己的地位是在社会底层，但却非常认命，也不愿意做出任何行为来改变这个事实。

他们和愤世者一样，不是社会的既得利益者，对自己的权利抱持着可有可无的心态，只要能够维持最低的生活条件就满足。他们没有条件去争取更多的资源，仅有的那些还需要分享给家人。平时对消费抱持观望的态度，主要的花费在住和食上。无论是怎样的营销模式，都对他们无意义。他们只消费必需品，并且也不讲究。

基本恐惧	现状的改变、一无所有
基本欲望	食物、温饱、居住安全感
对自己的要求	没有特别要求，只要求得基本生存就已足够
特质	不习惯做决定，不愿意多思考
顺境（被认同时）	知足、满足，简单的快乐
逆境（不被认同时）	无所谓，多想也无法得到什么
处理感情的方法	沉默、安静、漠视

身体语言	身体蜷曲、动作缓慢，眼睛茫然无神，语调平缓
常用词汇	我也不知道、老天爷
工作环境	基层的工作，不需特殊技能的工作
性格	内向、保守、单调
警钟	当亲人、家人等身边依靠出现转变时
生活	年龄阶层偏高，安于现状，足够养家糊口即可；是随波逐流、相信家族和宗教传统的教条、默默过生活的人。大多数休闲活动在于与自然互动，所以山野娱乐等不花钱的活动较能得到他们的青睐
消费	对于消费品的态度基本上是保守的，大多数消费来自子女或亲友的馈赠
年龄	以45～65岁为主体
出现公开场合	传统卖场、菜市场、老旧小区公园
职业	临时工、退休人员
休闲	动态：在公园做运动、散步 静态：看电视、看报纸、聊天
购买因素	方便取得、便利、便宜
因子	主要：顺从、求助 次要：耐久、屈尊

13. 无思想者（Machine）

当一个人长期地处于无欲和无斗志的状况，就会退化为无思想者。这群人只愿意盲目地执行“必须”的生活和工作，不会质疑，也不会改变。

他们与无欲者、愤世者同属于社会底层，不易获得知识和资源，但是为了提供给家人、家庭更好的生活，不断努力。他们对大部分的事不感兴趣，只想要听从指示做事、领取应得的酬劳。他们很少在自己身上花钱，但是会为了让子女受教育且生活不致匮乏而节约、储蓄。他们的压力沉重，所以多少都染上烟酒。这些用于安抚自己的消费，是他们给自己的唯一奖励。

基本恐惧	没有收入、家庭遭逢剧变
基本欲望	家庭温饱无虞、子女能够成为老年时的寄托
对自己的要求	努力维生、照顾家庭
特质	默默工作、唯命是从、愿意低头忍辱
顺境（被认同时）	更加勤奋、更求表现、希望得到更多酬劳
逆境（不被认同时）	意志容易消沉、易怒、寄托于酒精
处理感情的方法	内敛、不善于表达、尽可能给予自己拥有的

身体语言	蹲坐、手撑墙、面容疲倦、眼里充满血丝、语调高亢
常用词汇	我来、我可以
工作环境	施工人员、其他体力劳动者
性格	偶尔发出热情、粗鄙的笑声，爽朗，友善，但是遇事保守
警钟	家庭财务支出出现重大改变、子女无法达到期望、中年体力衰退不济
生活	安于现状，足够养家糊口即可；一切随波逐流；接受上级的指派，以完成任务为优先；大部分重视家庭，小部分会通过酒精逃避现实
消费	对消费品的需求极低，但会尽力满足子女的需求
年龄	以30～49岁为主体
出现公开场合	路边摊、啤酒屋、小餐馆、大卖场
职业	男性居多，大多为中年人，职业普遍为电工、汽车维修工人、建筑修缮工人
休闲	动态：登山、郊游 静态：看电视、看报纸、聚餐喝酒
购买因素	家人推荐、特价、推销
因子	主要：耐久、顺从 次要：联合、培育

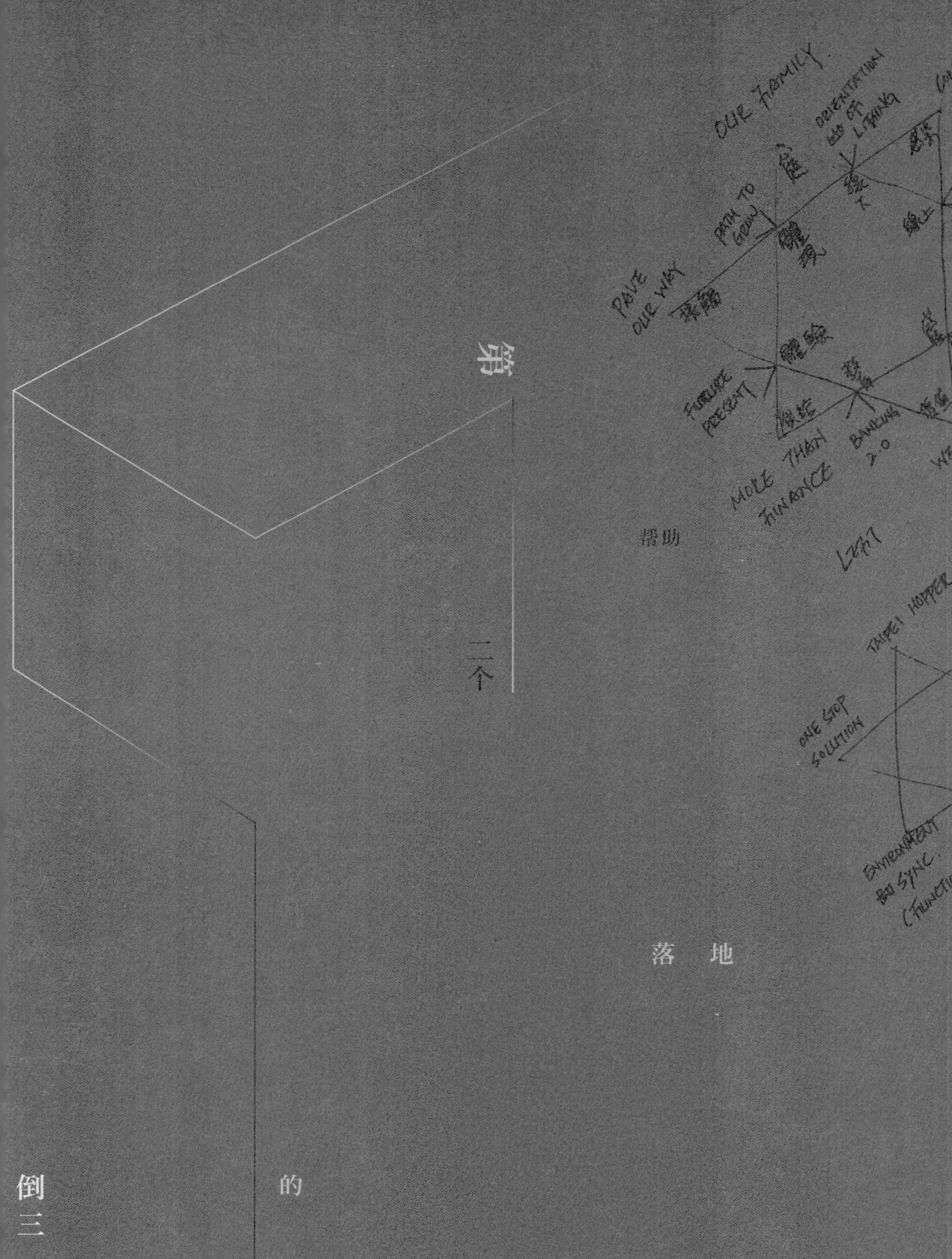

第二个倒三角的落地

帮助

第二个帮助落地的倒三角

付不起已经降过价的国际薪资，诚实地反映出橙果忙了七年的结果：还是一家不上不下的公司。

不上不下是任何经营者最大的噩梦，死不了又活不好，每天似乎都在过同一天。机会不是没有，但都不是好机会。每次想要结束，却又会看到曙光。做出来的东西，客户觉得还不错，却不愿意多付一分钱。这个月的薪水发完，下个月的付款就一定要确定入账。公司就如同六芒星的第一个三角形一样，有了大方向，却没有可以轻易落地的方式。

在这个循环中，我是痛苦的，甚至不想要上班，不想要继续，也因此逼着自己钻研如何让我的三角形完整。这种想破脑袋的苦行让我在无限的循环中可以有一点自己的空间。讲好听的，这叫作为了未来而思考；讲难听的，是为了躲避现实而冥想。

思考第二个三角形时，我开始务实地考虑，到底什么样的服务可以提供高脑力的价值，使创意和商业得以连接。我再次把自己埋进所有我能拿到的设计公司的数据中。我想要归纳出市面上的设计公司是用什么服务在赚钱。

广告业，主打营销，品牌和设计只是他们的促销工具。

顾问业，主推品牌，营销和设计是他们的加价工具。

设计业，主攻设计，品牌和营销是他们不想碰的低层次设计。

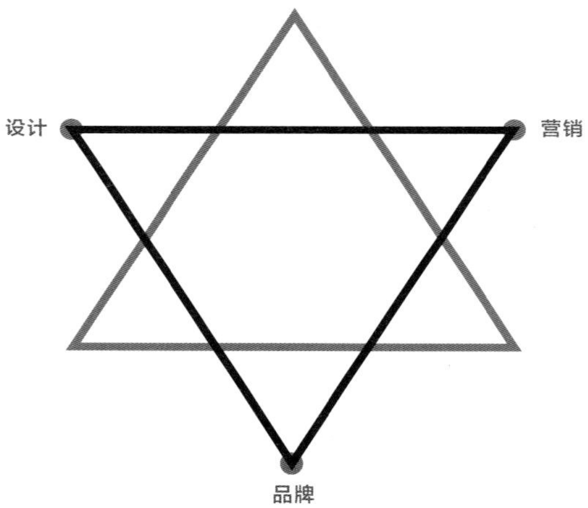

因为各自都缺乏两块拼图，所以这三个产业在有需要时，利益勾结；在没有需要时，互相破局。在既有的市场中，还没有一家创意公司专注于提供品牌、设计和营销的融合服务；这也符合我这个半路出家的设计者所走过的路。

为了存活，我从一开始的室内设计领域跨进了工业设计，再跨进平面设计。到这样一个不上不下的阶段，我的公司已经同时具备这三种技能。为了生存，我也不时接一些顾问的活。在顾问服务中，常会碰到品牌和营销方面的问题。也就是说，在不知不觉中，**我已经同时涉足了品牌、设计和营销的业务。只是我还没有找出一个方法，让这三个面可以互相支持，互相融合，互相加值。**

这也表示，当找出这三种服务的合理共生方式，我就能提供一种独特的服务。有了独特的服务，橙果就有机会在市场上建立不可取代的价值。

如何独特的答案也摆在我的面前，就是想方设法结合之前归纳出的三角——**目标客群心态、客户特殊价值、市场需求**，与市场中最主流的三种设计服务——**品牌、设计、营销**。这就好像在桌上摊好了所需要的拼图碎片，但尚没有拼完。

或许是因为在建立这六个点的连接的时候，花了太多时间专注于理论与其他人的分析中，自己的心态从一个叛逆者、一个非科班的创意者（不服气市场中有关设计的一切都是既定的，都是无法重新设计的），被影响成了一个接受者、一个非科班的设计人（饥饿地吸收任何能够拿到的信息，试着完全了解设计的市场到底长什么样）。

这种太过靠近的观察，让我忘了自己擅长的其实是直觉式的分析，而不是细化式的对话。逻辑和耐性可以把任何复杂的问题分解成细之又细的细项，方便人理解面对的问题到底是什么。但要利用细分的问题点重组出答案，靠的是直觉和经验。

我之所以无法拼凑出一个完整的六角形，是因为我先入为主地认为市场当中一定有类似的图像存在。这个想象中的图形经过各种专家反复推敲，有着各种背景资料的支撑；它可能尚不是一个完整的六角形，只有三到四个角。这个想象的图形，就会成为我的六角形的雏形……但事实上，我忘了我的六角形之所以会成形，是因为我要设计的是一个现有设计市场中没有的模型。

所以当我把自己放进“好学生”的心理层面过深时，就完全不知道如何设计还未出现的设计，这就是我兜不起完整图形的原因。当我放松、放下一切情绪和吸收的知识后，最适合我的图形马上就浮现在眼前（这种放下一切的思考方式也自然地成了我的思考方式。至今，对于任何事，我都习惯先找到所有数据，消化它们，然后完全地放下，只用还记得的信息辅助直觉做出判断）。

我脑海中浮现的是一颗由一个正着的三角形和一个倒着的三角形叠成的六角星星。正着的三角形的上角以**目标客群心态**定位，左下方的角以**客户特殊价值**定位，右下方的角以**市场需求**定位。倒三角形最下端的角以**品牌价值**定义，呼应目标客群心态。左上方的角以**设计**定义，呼应市场需求。右上方的角以**沟通**定义，呼应客户独特卖点。这就堆叠出一颗每一个对角互相呼应、每一个相邻角互相牵连的六芒星。

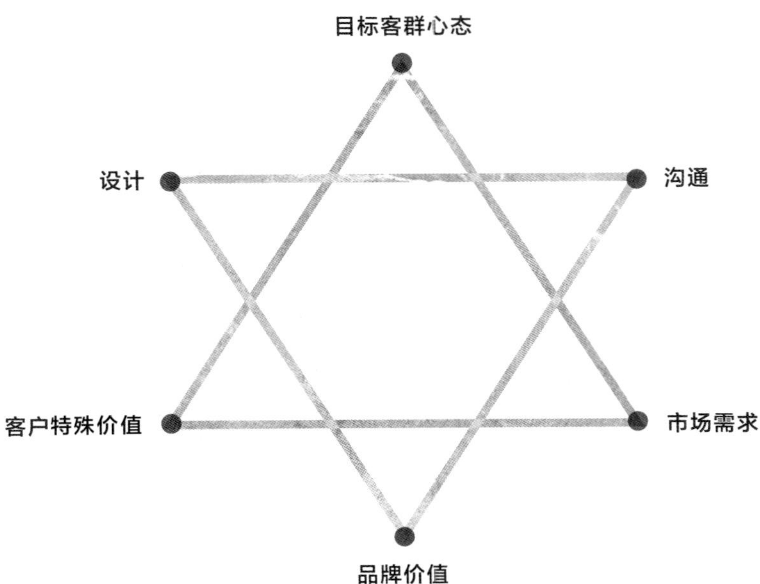

而这就是之后橙果设计的核心思考的雏形。这个系统让所有的创意者可以快速地看到解决方案的蓝图，并找出使用创意来令解决方案落地的方法。其中的重点是：定义出目前最适当的解决方案，而不是最好的解决方案。

着重于最适当的方案是我的坚持。很多客户听到此都会问我："为什么不是最好的方案？"其实答案很简单：因为设计师不自觉地鄙视商人，所以设计师认为最好的方案，往往是不具有任何商业实行可能的方案。这自然使得在商业行为中运用设计的成功概率比在商业行为中运用其他商业工具的概率来得要低。

以英国文创中心公布的资料为例，我们会发现：即使是在伦敦，一个推行美感和设计经济超过二十五年的城市，设计成功帮助商业达成其商业目标的只占所有案例的 25%。但在这 25% 之中，其投资回报率都可达每三十个月 225%。更有趣的是，设计所带来的爆发式增长是跳跃性的。以平均基数来看，头十二个月的回报率只有 2% ~ 5%，但到第二十个月时，多数能达到 100% ~ 200%。

这也难怪多数成功的东方商业人士会不知道如何使用设计为自己创造新的机会。**用设计除了要清楚知道自己的现状，**

承认自己的劣势，相信设计的投资，更需要与一般商人不同的耐性。我在自审后也发现，自己的客户成长也和这个英国的数据吻合（所以现在我自己执行的案子，签的都是 2+1 年的合约，这样刚好在效果出来时功成身退，再耗下去，也不知道还有什么需要做。除非自己没有好好用心负责，不然两年的时间已经可以让任何公司拥有具备创意价值的基因建构）。

会与英国这个用设计创造国际价值的国家的数据符合，不是因为我提供的设计比较美，比较细，比较新，而是因为我提供的设计比较好用。好用，是因为我不会因为追求美，而设计一台法拉利给卖丰田的客户。买丰田的客群注重的是性价比，其业务模式也偏向兜售，给他太美的设计反而会让销售系统打结、生产系统反弹、管理系统停摆，连客户都会因为距离感太强而敬而远之。我也不会因为追求完全的落地，设计一部丰田给卖法拉利的客户。法拉利是一种完全不用卖的商品，会走进法拉利店的顾客，是已经准备好要买这款身份商品，要不然就是已经拥有“法拉利”这个身份。所以店中的业务，完全是以非卖的方式在卖。

把丰田的设计丢进法拉利的客户系统，会变成角落边的垃圾。不论再好的生产、再好卖，都被视为挑拨的行为。在对的时间，用对的方式，给客户对的设计，就是务实的设计。只要设计是务实的，是不带设计贵气的（贵气不是气质，而是一种设计暴发户的感觉），客户在适当的时候就会用得上。**能被用的设计，就是最适当的设计。**

整个东方的市场充斥着需要客户完全改变自己才能用的设计。过去四五十年，在第二次世界大战的余威下，东方人一直被视为世界的二等公民。东方这只被西方八国欺负玩弄的恐龙，一直被刻意地留在侏罗纪公园内。

过去，要加入世界，是东方的权贵，穿着底已经磨烂的亮面黑皮鞋，提着因为开合多次而已经出现裂痕的小牛皮公事包，屈膝折腰地求来的。所以，在世界的眼中，是不可能有所谓值得被注意、被尊重的东方做事方式。这样的有色眼镜，被西方市场强制地架在接触西方的一切人和事物身上。虽然西方有许多优势值得我们取经，但崇洋丧本带来的伤害却远比得到的更多。

西方在用设计时，也以相同的逻辑看东方的市场，这才令这种把不对的设计交付给不对的人的丑象一再发生。

设计本身没有绝对的美丑或对错。美与丑、对与错都是主观的判断，而主观的认知架构于人生的体验之上，会随着人生体验的不同而不同。

当设计在创造一个过去没有的体验时，单纯用主观来评判对错是很难的。客观来说，设计只有适不适当，而适当与否要看客观因素，包括天时、地利、人和、趋势、结构、市场等。因此，用时间作为判断基准——现在用或未来用——会是评价设计是否具备商业价值的一个较为公平的方式。

橙果六芒星的用途，就是帮助创意者找到最适当的设计逻辑、蓝图和方式。这一个没有标准答案的六角形在公司创立七年后被雕了出来。我以为，有了这件独特又创新的沥血之作，公司发扬光大的愿景就在转角等着。

当时，我三十二岁，经历过几次濒临倒闭的危机和多次被背叛、换血，但依然低估了人性，尤其是创意者趾高气昂的本性和拿着鸡毛当令箭的公务员惰性（这里指的是我比较了解的台湾地区公务系统，下同）。六芒星在诞生的那一刻起就被橙果五花大绑，丢进灌满水泥的铁桶，沉入台北的基隆河中。

而我，它的创造者，变成了它唯一的亲人。

过

去

混　沌

十

过去混沌十年

2014 年，我遇到了一个后来成为战友的麻烦人。我和他的缘分源自一位已经过世的好友。这位好友在我几乎要一蹶不振时骂了我一年，才让我开始开眼，开始了解如何运用本能和相信本能。这位新认识的战友过去在台湾地区的科技集团担任财务长、法务长和策略长等职务——从这些头衔就可以看出，他绝对是一位“真小人”：不会浪费时间害人，也不会做任何没有回报的事。加上他已经退休，自诩为什么都可以做也什么都不必做的“闲云”。这两种属性互相加成，让他成为我这辈子碰到的最简单也最难搞的人。我俩见面的一周后，我就邀请他成为我的第一位股东，他也爽快地给了橙果一个适当的市场价。

因为赞赏他对于公司和市场发展的精准判断，我把累积的所有无私地放在他的面前。他问，我就诚实答；他质疑，我亦不耻学。很快，我俩的面前出现了已经被基隆河水泡臭的六芒星。“这个系统我没有见过，你从哪里抄的?”“这是我自己想出来的。”“有意思，那公司有多少人会用?”“实话说，只有我。”“有意思，我回美国想想，消化消化，下次见面再聊。”就这样，他如潮汐般规律地结束了他的中国台湾行，回去后也没有再写信和我谈六芒星的事，而我也习惯六芒星处于胎死腹中的状况，很快就没有再想这件事情了。直到一个月后，我俩又在橙果台北的办公室见面。

再次见面时，他的第一句话是："你没有骗我。我回美国后找了两个心理学家，请他们尽可能地找出证据，证明你写的六芒星和客群心理学理论是从别人的文献中抄的。但结论是，在你的理论中，可以看到一些别人观点的片段，但没有抄袭任何一个已经发表的理论。厉害！佩服！"

这个开场白是我没有预料到的，也着实让我心里有了一些得意。但是他接着说："可惜你这一套理论不可能有人学得会，也不可能有人会用。因为你属于'战中学'的那一型，太多事都是靠感觉，凭直觉，所以这只能算是一份天书。"

"由此可见，你的人也都只是在敷衍你。要突破，你就必须清楚地认知到两点：一、六芒星必须深化到每一个人都可以了解和使用。二、你需要有将才在你公司，而不是只有跟随者。"这段话，深深地、用力地，刺进了我的心。

原来，我的无力感来自我自己为人处世的态度和方法，所以遇到一定的瓶颈后，就无法突破。

诚实地回想过去几年，一些事实清楚地浮现在眼前：

（1）六芒星创建后，没有一个人像我一样自由地使用。团队成员不是用自己的认知和方法让它无法发挥应有的效果，就是质疑这个逻辑，刻意避免使用它。

（2）公司没人可以与我讨论未来的发展，也没有人可以扛起我所定下的发展目标。每一年，都是我在扛业绩和处理问题。

这两个事实所反映出的，就是我不愿意面对的两个人性问题：设计师的排挤意识和公务员的不累不烦大于利（不累与不烦的价值远远大于任何利益）。对此，我无计可施，因为主要的问题来自自己。我能做的，或者说以我的个性，我决定做的，就是让我的新战友，搅乱已经平和许久的橙果春水。伴我走过无数次难关的悬崖学理论，再次出现在我的生命中。

“那你觉得我该如何去做？”“首先你需要请专业的人力资源公司为你的人做出专业的评估，然后我会针对你所选出来的核心成员做一系列的训练。我会挑战他们，并让他们挑战你。”当时，我欣然地同意了这一个做法，完全没有想到其过程之血腥、残忍和残酷……

整个过程对我和我当时的团队都非常难熬。专业人力资源公司诊断的结果是，公司的核心团队只有一个人是在对的位子，其他人不是不够成熟，就是本性上不适合他的工作职责。不够成熟的需要很多的训练，要耐性，要人资系统，要增加人力投资。不胜任的需要让他们理解为什么不胜任，如果无法达成共识，就必须换人。最残酷的一点是，几乎没有人是与我有加乘效果的。

这么多年的实际操作，在专业的数据下显示出残酷的真相：团队成员皆为助手而无将才。如果包装一下，会出现一个清晰的画面：一个我和二十几个助理与秘书，其中没有一个是真正的管理者。我自己的上班时间是从早上 8 点到下午 1 点左右，表示有一半的工作时间，团队是在没有成熟领导的状况下独自作业。“诸侯”因此崛起，发生在各个团体之间的政治，令橙果这间小公司俨然成为一个大企业。难怪，人才留不住，效率无法提升。

这一切显示出来的，就是我是一个贵公子，在玩一个稍具规模的扮家家酒游戏。更可怕的是，我还具有不错的业务和解决问题能力，所以这个局并不会破。它不好，但不会死，还持续地成长。跟得久的员工自然变成了最会嫌事多的公务员，要我这么客观地检视跟我一起打拼的员工还真是有一些困难。对我来说，他们就算没有功劳，也有过苦劳。最基本的，他们都在我不好的时候选择留下。就算再不胜任，还是有一定的价值。

但，回想起橙果第一段的艰辛和第二段的危机，我发现每次造成困局的原因都是——人（包含我自己），因此，每次都是在问题已经无法掩盖、伤中已经有脓的时候才忍痛断腕。这次，不如在伤势还算好的时候，面对、解决这一个问题。

“那我现在该怎么做？”我苦笑着问我的战友。“既然没有将，我们就先把所有的阶层拿掉。反正大家都喜欢直接面对你，阶层，在现在的状况下，形同虚设。”而我也这么做了，却不知这个动作捅了马蜂窝，让所有本来在台面下的潜规则全部翻上了台面。

对我而言，阶层一向没有任何意义。可能是因为阶层在我这种人身上并不会发生它原本应有的功能。我天生就有一种化学作用，会让所有人——长辈、老师、学长、学弟、喜欢我的、不喜欢我的、需要我的、想利用我的、想伤害我的、想帮助我的……聚集在我身边，以我为中心和我互动。这个特质，让我的人生颠簸却利于成长，但也让橙果的行政系统形同虚设。当头衔对我来说只是一件夹克时，换夹克或不穿夹克其实没有差别；当头衔是他人的面具时，戴不戴、有没有、长什么样，对他们来说就有很大的心理纠结。

在一个我随性召开的会议后，短短一小时内，公司原来的组织架构被全部抹平，所有管理者被直接转换成了较为资深的员工。我可以在大家的眼中看到不解、惊恐、质疑，也可以从他们的行为读出他们在等待、在赌、在期望这个改变会是只有三分钟热度的决定。资历尚浅的，还不敢逾矩；资深的，开始巩固自己在小圈子内的势力。一天天、一周周、一月月，当时间流过，他们终于知道这个决定不会改变。而人性，在知道一切不会再回到从前时，开始浮现。

原本阳光普照的天空被愁云惨雾取代，每个人的脸上也都印有烟熏妆；原本很容易就解决的问题停滞不前。每个人都在想着自己要如何谋出路。在这个非常时期，我幸运地请到了一位实战经验丰富的人力资源顾问；是她牵着我的手，和我一路披荆斩棘才走完这一段半死不活的岁月。她花了三个月了解公司和研究我，再花了三个月与所有的员工面谈。收集完必要的信息后，她开始设计一套为橙果、为我量身定做的结构系统。

她设计出来的系统其实很简单：（1）我适合扁平化的小

组织。因为市场变得快，我们的能力养成也要快，所以轻、精、多元是三个必需的条件。（2）公司需要有一套培训系统，可以让我的愿景、文化和技术清晰地教材化，变成一套教育训练，让新进员工和老鸟都可以清楚理解和运用。这两点和一开始我战友提出的两个观察不谋而合。

这再次证明，我自己才是这家公司停滞不前的主要原因。要我承认自己错了不难，但对已经被惯养太久、习惯了安逸更将之变成本能的同事们来说，改变过去的规矩比登天还难。

当时，橙果处于下列的几个平行事实下：

虽然已经分派出实质业绩目标，却没有任何人达到。重点是，没有任何人想尽办法达到。他们笃定，反正我是老板，我跑不掉，我就一定会像之前一样补满所有业绩。这个念头就是让多数人无法成为一个好业务员的原因。尤其在设计这个行业，业务被视为一项与“设计”完全背道而驰的能力。许多设计师都会如此解释：因为本来就不喜欢，甚至是排斥从商，才会选择设计这条路。

在没有阶层的非常时期，因为要试着解决一直以来业务嫌设计和项目经理太挑、设计和项目经理觉得业务乱卖的问题，我同时要求所有人背负与薪水成比例的业绩。计算的方式也非常简单，公司每年对每个员工的投资成本大约是其底薪的七倍（房租、水电费、差旅费、电脑、软件、管理成本、我的时间、其他人的时间……对企业来说，都是付出的成本），所以每个人都有三个标准：带进等同薪水七倍的业务，表示实现最基本的价值；带进十倍，表示公司与你两不相欠（如果请员工而不能赚钱，那请员工的作用就不大）；带进十四倍以上，公司欠你，需要补还给你。

这个政策在执行时，有人摩拳擦掌、跃跃欲试，有人逆来顺受，有人叫苦连天，也有人要我深思……但不论是哪种心态，最后没有一个人卖出一张单。我看在眼里，有些不舍——因为有人真的很努力，但并不是从商的料；有些不屑——当看到有人自以为是，就算事实摆在眼前也不愿意面对，认为自己这辈子并不适合经营生意。但不论是我不舍还是不屑的人，都反过来请资深的员工要求我："老板，我们可不可以降价？这样会比较好卖。或是多送一些服务？这样会比较好谈。"

我反问敢问我的人："一，之前你们不是一直反映说我们的设计费太低，让你们在做廉价劳工？二，我一直都是这样在卖，为什么你们不行？"最后，这条路不了了之。没有完全做到自己本分，不少员工变成了咬布袋的老鼠[1]却不自知。长期以来受到过度的保护，人都会被宠坏。

这让我想起在生活中，常常碰到所谓的“死小孩”“小霸王”，心中不免出现“难道你爸妈连最基本的社会规矩和道德都没有教你吗”的想法。

同样的状况，因为我个人的不太“注意”，我之前的员工有的自己在外面接案子，有的把自己判定不适合公司的案子介绍给已经离职的同事以发挥所谓的“同侪爱”，有的自己在外面开公司，有的甚至介绍已经稳定的客户去找别家公司。对他们来说，这些都是无伤大雅的，反正对公司也没差。当他们自己要面对现实压力、被迫离开已经待得很久的舒适区时，他们变本加厉地做这些事情，为自己铺好去路。多数时候，要想当一个称职的老板，一定要适时地装聋作哑，因为天下无完人。但我已经越过了称职这一条线，没有理由再护短。这导致了有能力的人待不久，会煽风的人却气长。

当然，并行的不只有这两个状况。就算只有这两个，也不难意会出导致这一切发生的原因，是我让自己太舒服了。

---

1 中国台湾俗语，比喻把事业委托亲信去做，反被亲信隐瞒欺骗而受到损失，有所托非人之意。

我又一次忘记，做生意也好，求人才、拼战绩也罢，是不会在平稳中度过的。我的懒惰危及了我的事业，而这次的危机并不是金钱上面的，而是公司骨干的汰旧换新。这个，真的比断手还痛还折磨人，因为需要的不只是我自己，而是全体同事的极大耐性，面对恐惧和未知的耐性。

在心理学上，恐惧分为三类：对物的恐惧，对未知的恐惧，对死亡的恐惧。当时我或者说全公司的人都浸泡在前两种恐惧中。对物，怕的是旧事物的失去和新事物的到来。对未知，怕的是明天还是一样不上不下。多年的买空卖空、看懂零、设计零、从没有中创造出有的经验在这个时候发挥了极大的作用。耐心地等待混乱过去，是十四年来不停累积而产生的一个特质。从一开始的不安，到后来的自己安抚自己，自己催眠自己，自己相信自己，到现在本能地知道事情就是会发生，时间总会到……现在的我可以强迫自己定下心，安稳地在茫然中好好过每一个现在。当花出去的时间换不到等价的回馈时，人就会开始恐惧，这几年的网络科技生活更让人习惯快速，认为快速远比对重要。人本来有的耐性，就在这个洪流中被不断地侵蚀。

设计，又是一个卖空的行业，所以这个行业的人，特别容易被环境影响——为专业的空找出实质创的本。我的同伴、同事、员工、小弟、小妹们，都没有经历过自己创业，更不要说经历过巨大的家变、国变、世界变，哪里有机会培养出此时所需要的极大耐性？他们的焦躁和不安一直干扰我，让我也开始不耐烦，很想直接放弃这一切。“最坏不过就是像现在这样，那也没什么不好。”当这个念头浮现时，我知道我走在一条对的路上了。因为对，所以才会痛，才会烦，才会难，才会想要放弃，那就更要坚持下去。这个时候，在公司内，我不适合再做任何事；我需要等所有人因为这件事在对的时候发酵。但要我当一个无事可做又需要忍耐的旁观者实在是太困难，我必须让自己忙起来，让自己的注意力有地方集中。既然人资顾问所提出来的第一点已经在执行，我就毅然捧起了六芒星，开始了第二阶段的雕塑。我以让所有有心人都可以方便使用为目标，为其配置新的组件，让每一个角的运作和运用更直白容易。

乱中不变的六柱

乱中不变的六柱

六芒星不好使用是因为它太靠直觉，会因为每个人体验的不同而出现不能统一的变化。要让它好用，就需要复杂化所有的角，再简化所有的定义。更重要的是，必须赋予六芒星一些不会因为个人体验不同而产生过度变化的基石。

对我而言，六芒星是一个立体世界的雏形。把它想象成地球的纵剖面，第一颗星是在定义这个星球的核心元素，以及在它的地平线上会有什么特殊的地貌。**往左长出的另外两颗星，架构出与商业行为相关的结构和细节。往右长出的另外两颗星，仿真出与品牌逻辑相关的呈现和细节。**除了主星之外，其他的星可以无限地细化，慢慢地堆叠出一个球体的形状和密度。

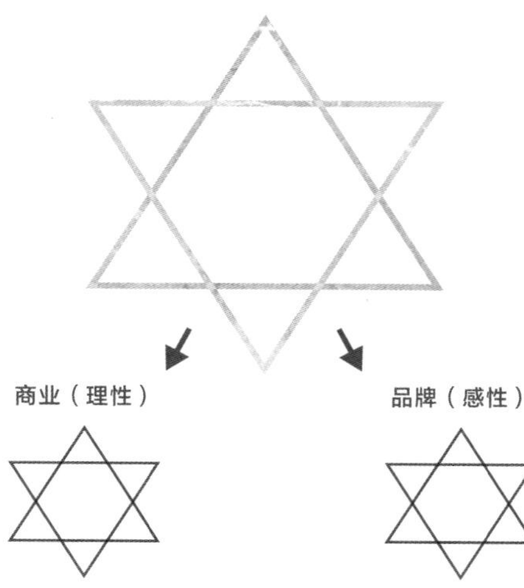

这个系统看起来有趣，立体化的思考方式也为新时代所需要，但如果只靠角和角的连接来定位星和星的关系，容易造成错位。这样堆叠出来的球体会不平衡。当出现不平衡，商业行为就不会与创意行为互补。所以我开始缩编我的影像。如果不把六芒星当成一个星球建构的工具，而是一个盖房子的工具，会出现什么变化？要盖出好的房子，一定要先了解人和地和空间的关系，再把美观、功能、时间揉在一起。

这符合六芒星的原意：为感性和理性做最适当的配比。这样看来，主星应该就是房子的地基，商业面（理性面）会是房子的地下室，而品牌面（感性面）则会是地面上的楼层。连接地下室、地基和地上楼层的共享件就是梁柱。

初始的六芒星只定义了六个外角，就像当时的我追求光芒外露，令每个接触我的人被外显的锐利割伤。经过多年，原本准备随时外露的狼牙和狼爪已被我安静收起；我也成熟到不需要借由告诉世界自己是狼来证明自己。这时再静下心来细看六芒星，就看到了原本就存在的六个内角。内角由两个外角的连接点构成，在图形上，自然地连接起两个外角。这六个内角就是六芒星的六柱。

如果以人来比喻，六个内角就是一个人的本性，六个外角就是一个人的行为举止。这十二个角所连接出来的，就是一个人的生活。

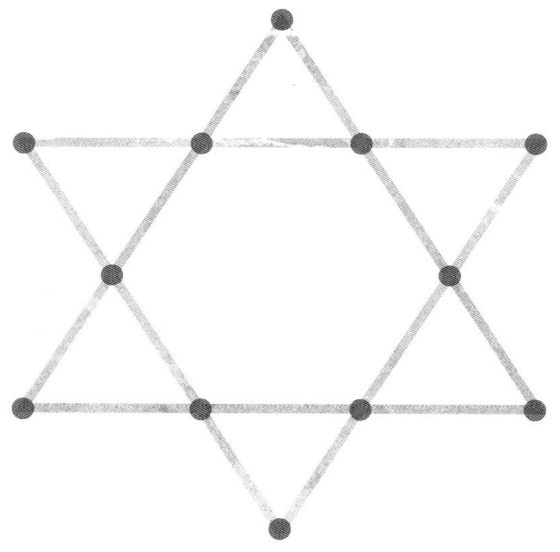

有了新的结构概念，六芒星的复杂化就已经完成。接着，我开始试着把这个复杂的图形简化成为一个谁都可以运用的方程式。方程式的艺术是用有限定条件的变量得出不同面向的答案。原本的六个外角定义过于广泛，广泛到没有正确或不正确的答案。好处是，在运用上它有着无限可能。但除非是像我一样每天都使用这个绘图系统找寻可能的地图，并将它运用在每件事上，不然不会有第二个疯子愿意如此钻研一个和他没有感情的创意（这个心态也会出现在所有花钱买创意的客户身上。因为没有经历过呕心沥血的创作过程，他们无法说服自己相信一个直觉上不那么相信的创意，除非它有很强烈的附加价值或不可取代的理由，不然，对任何花钱的人来说，创意不过就是一个新形态的商品，一个没有灵魂的物品）。

原本，正着的三角形的三点定义是目标客群心态、客户特殊价值和市场需求。在字义上的解释有点广，因此转换为**心态价值**、**客户供给**和**市场需求**。

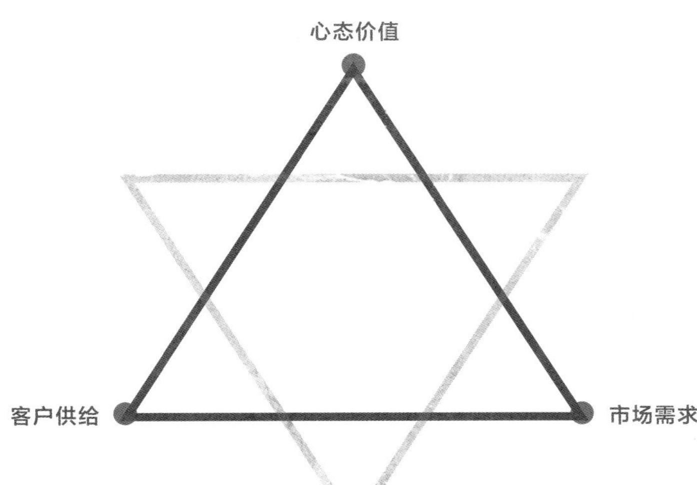

心态价值分为三大类：**渴望、仰望、向往，**分别呼应三种社会阶层。上层社会的人认为自己已经拥有物质可以提供的所有享受，所以渴望自己比别人拥有的东西更好、更独特，以获得优越感。几乎所有的大企业家都成立了基金会，除了实质上用基金会避税与为家族成员提供舞台以外，更重要的是突显自己的大爱无私。对于社会中层的人，仰望上层，尽可能让自己和上层靠拢是其固定的追求目标。上层的人有什么，他们就渴望有类似但较为便宜的替代品。向往呼应的是底层的人，他们还在求生存，没有多余的时间和资源生活。每天辛苦过活，向往的只是一些些的不同、一点点的乐趣。但这一些不同和乐趣，不可以威胁到生存。

客户供给指的是任何产业可以直接提供的对象。这么多年看下来，这些对象不会超过三种：**技术、内容**和**渠道**。技术导向以自傲工程师为主，内容导向以真假文青为主，渠道导向以霸气诸侯为主。

至于**市场需求**，其实就是诚实地归纳出市场上三种最容易贩卖的形态：**必需品、必要品**和**必然品**。必需品是让人觉得一旦没有就会失去身份的商品，像贵妇们必须拥有才会感到安心、已经成为她们身份象征的铂金包。必要品是人们拥有后可以感到安慰的商品，就像是和女朋友约会时一定要喝洋酒。必然品是生活中必然会用到的物品：洗衣粉、卫生纸、基本的食物……

以这三个小分类来套出正三角的定义，可以让使用六芒星的人更快速地利用我过往的经验做出判断。三选一的选择题会比没有标准答案的申论题容易上手。

我将同样的逻辑套用在倒三角形的三个角上。将原本的品牌重新命名为**感染点**，营销命名为**沟通点**，而设计被归纳成**连接点**。

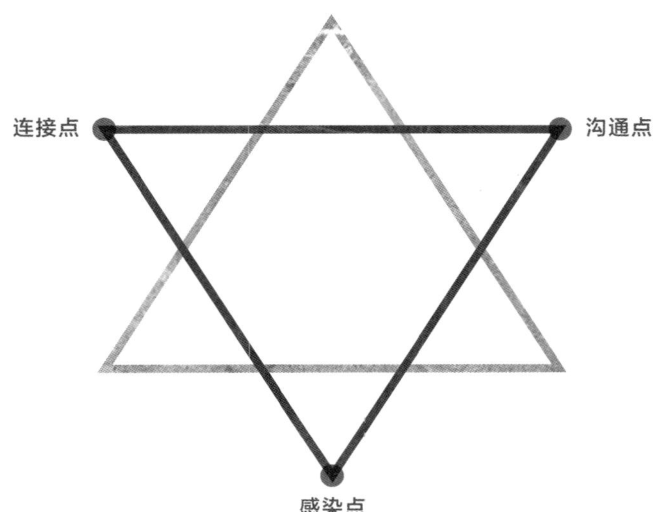

品牌是一种正向的价值，所以其成功与否在于是否有足够的感染力。感染力可以通过三个面向灌输：**品格**，以格调来感染人；**品性**，以个性来感染人；**品位**，以美感来感染人。格调有点类似香奈儿的品牌塑造手法，把自己设计成时尚界的神，有着不可被挑战和质疑的地位。个性类似明星，用特殊的个性魅力引发接触者的幻想投射。美感就像去逛画廊，在一幅感动自己的画作面前，心自然会变美，人自然会相信这是好的。

营销沟通的方式也有三种：用**价值**直接沟通性价比、用**故事**暗示无限的想象力、用**态度**诚实地表现出自我。性价比沟通的是物超所值的概念，而物超所值并不全然是指功能和价钱的相对比例，这是很多客户会搞混的地方。以中国台湾的公司举例：纳智捷（Luxgen）是裕隆推出的一个主打中低价位汽车的品牌。在创始时，裕隆骄傲地告诉市场，他们花了相当大的代价，找了法拉利来帮他们设计引擎。最后车子推出，身上却没有任何法拉利的影子（法拉利还真的只设计了引擎）。以性价比来说，一部一百万新台币的智能车和一部一百万新台币的法拉利操刀车，哪一个会有较高的直观性价比？同样的错误也出现在中国大陆的汽车市场。不论他们挖了多少国外汽车业的精英，只要没有把消费者在追求的“可负担面子”和“可炫耀故事”直接做在外观上，就是在浪费自己已经买到的优质性价比。

故事暗示的手法着重于建立画框而非产出内容。最容易被消费者接收的信息，是可以连接自身经验、引发共鸣的内容。而人有亿万种，要创造可以引发普遍共鸣的内容，需要投入的资源是非常庞大的。这绝不是每个品牌都可以做到的。

所以故事的沟通设计重点，不在于内容，而是如何组合信息，令它们恰到好处，让接收者得以在我们所提供的框架内，用自己的人生经验想象出属于他的故事。

以苹果来说，它一直在强调的就是 Think Different。它同时也不断强调它的商品是最容易个性化的，是一台完全属于个人的智慧机器。但事实上，它所提供的，只是在一个不变的框架上，给予使用者新的选择权。但这已经足够让消费者自己去想象，去加料，去无限扩大。这种暗示让苹果在一开始就拥有难以挑战的感染力。

有谁会说自己设计的物品不好？有谁会嫌自己的喜好不好？有谁会认为有选择权不好？但让苹果成为身份品牌而非高科技品牌的，却是乔布斯的沟通态度。他每次出现，都诚实但坚定地做自己。他从未说过苹果是最好的，只是说苹果是“他认为”最好的。商品出错的时候，乔布斯也没有搬出公关公司的危机处理方式，而是直接向消费者道歉，承认商品还不够完美，承认他需要时间改进。但他从来没有请求、要求、跪求任何人认同他，他的态度永远是，我在这里，做最好的自己，想一起来的人，随时欢迎加入。这个态度让苹果从一家公司变成了一种身份，变成了一个国度。

设计的连接点又可以细拆成接触点、体现点和身份点。它所定调的，是设计被使用的原因。

接触点顾名思义就是任何可以接触品牌价值的地方：店面、网站、商品、社群、制服、海报、展览、发布会……只有当所有的细节都统一在一起的时候，才会出现完整的品牌形象。

体现点是接触点的上一个层次。除了在接触点呈现品牌细节和统一形象之外，让接触到的人理解品牌精神，认知到品牌的特殊性，认可品牌的价值，就是体现设计在做的事。

身份点的定位又高于体现点。身份点的设计已经属于“创人造神”的设计，它用一个大众可以理解和认同的故事设计出一种无法被取代的身份。

用时尚业来解释：接触点就是所有消费者可以接触到时尚品牌内容的地方，从商场的海报到店内的装修，从品牌网站到商品本身。每一个时尚品牌都有自己的调性和坚持的东西，它们会被转换为具象语汇，呈现在所有能接触受众的地方。体现点的设计包括品牌时尚大秀，旗舰店中的互动娱乐，也可能是在特殊场所举办的快闪秀。这些设计都为的是让市场得以“体”验其品牌已经实“现”的精神。至于身份设计，则包括联名商品、名人代言等手段，极端一点的手法还包括限制品牌存活年限，以强调要获取这个身份是有时间限制的。

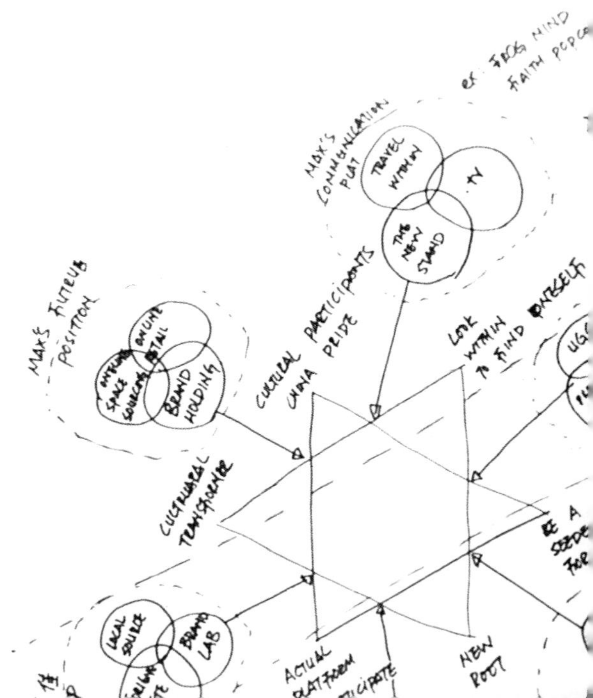

【案例分享】Mastermind Japan

图片出处 /Mastermind Japan

日本知名潮牌 Mastermind JAPAN（简称MM J）以代表金属摇滚音乐的骷髅图腾为标志，采用极度考究的用料和细致的手工，虽是潮牌，一经推出却在高端时尚圈迅速走红。

MMJ 做到现在，一直都坚持纯粹的暗黑街头风格，即便与其他品牌合作推出联名商品，也罕见其他风格。这个特点使它拥有绝对死忠的消费者。MMJ 之于街头潮流圈，如同 Ducati（杜卡迪）之于跑车圈。它坚持的品牌态度是“品牌可以不赚钱，也不会增加产量，停产只会让它变成经典”。对于一个品牌来说，MMJ 专注于此沟通点已经足够。

创办人兼主设计师本间正章（Masaaki Homma）创建品牌的原因，是为了做自己真正热爱且认同的设计，骷髅 Logo 也单纯是因为自己喜爱而贯彻到每个产品中（再一次，他并没有打算让大众认同他）。MMJ 从不为迎合消费者而去做一代代的复刻，这种对设计的专注和绝对理想主义的精神反而受到消费者的尊重，形成品牌的无形拉力。

MMJ 主打给了解并且欣赏这种坚持的人穿，每款产品数量不多且绝不再产。它坚持统一的品牌形象，出现在这个品牌所有连接消费者体验的沟通上的设计包括：清一色细致勾勒的骷髅 Logo，黑白色系，干净线条。这些特征让追随者一眼就能认出 MMJ 的产品。

品牌跨界

“主流品牌、街头品牌，现在大家都在玩跨界，但在跨界前一定要想清楚，这样的合作有没有意义、是不是合理，如果出发点只是商业利益，那结果一定会失败。”本间正章说。不论是与其他服饰品牌，还是与乐团、DJ、艺术家，甚至手机、食品、玩具、文具、汽车、摩托车合作，MMJ 都能做出

“一加一大于二”的跨界合作，推出联名商品。

如何在“限量”和“规模经济”间达成平衡？MMJ 即使玩跨界，还是坚持找到双方品牌的共通点。例如与英国超级金属乐团 Iron Maiden（铁娘子乐队）跨界出 T 恤，与法国顶级皮具品牌合作骷髅头托特包，甚至和雅马哈联名推出限量重型机车。和摇滚乐团、重型机车合作，能强化品牌富含摇滚精神的形象；和顶级皮具品牌合作，则彰显其对采用优质服装用料的坚持。另一个重点是每款产品的数量非常少，且绝不因卖得好再产。所以每一件商品，能被有幸获得的消费者当成艺术品追捧，变成保值品。

2013 年 MMJ 宣布停产，却依然和其他品牌推出联名系列，并常以快闪秀或极限量方式让消费者抢破头。这样的品牌设计，让 MMJ 几乎无法被买到，也给人一种它一直在顶尖品牌圈层中活跃着的印象。

【案例分享】the POOL Aoyama、THE PARK. ING GINZA

图片出处 / the POOL Aoyama

另一个将品牌基石（品牌六柱）定位得非常成功的，就是稳坐日本潮流第一把交椅的藤原浩（Hiroshi Fujiwara）。他创建的一系列品牌及它们的合成概念店铺，都成功地让追求品牌身份成为一种社会现象。

藤原浩玩音乐，也是时装设计师，并被大众誉为里原宿教父。其龙头品牌 Good Enough（GE）向来以玩限量著称。Good Enough 在 1990 年成立，最初以极少量生产，却大受年轻人欢迎。

从 2014 年开始，藤原浩策划了多间品牌概念店，不管是在废弃室内泳池内开设的 the POOL AOYAMA，还是在地下停车场内开设的 THE PARK · ING GINZA，都吸引了许多潮人关注。它们的一大特色是各种形式的“变装”和店内的 Pop-Up Shop（快闪店）。藤原浩每隔一段时间就会关闭店铺，对它们重新做装修，以配合不同的店铺主题，包括花卉实验工作室、男性硬朗军事风格、朴实古着店铺等。在定调了品牌的品位、品性和品格后，藤原浩以不同形式的手法与消费者沟通，通过天马行空的主题策划让消费者每次都能获得新鲜的品牌体验，不间断地堆叠他们对品牌的期待。

无论是店内的装潢还是其对贩卖的品牌的挑选，以及自家产品的设计，每一个连接点都意在让受众充分体验品牌，每一次的接触都在诱引消费者认同品牌的精神和价值。

用十八个小元素解释完被调整过的六个外角后，我开始着手六个内角的定义。

如同之前所说，每一个内角都连接了两个外角，所以它的功能是定位出两个外角的最大公因数。也因为我的本业是做创意，所以我选择用倒三角形的三个服务项目为主要的出发点来呼应正三角的蓝图定义。

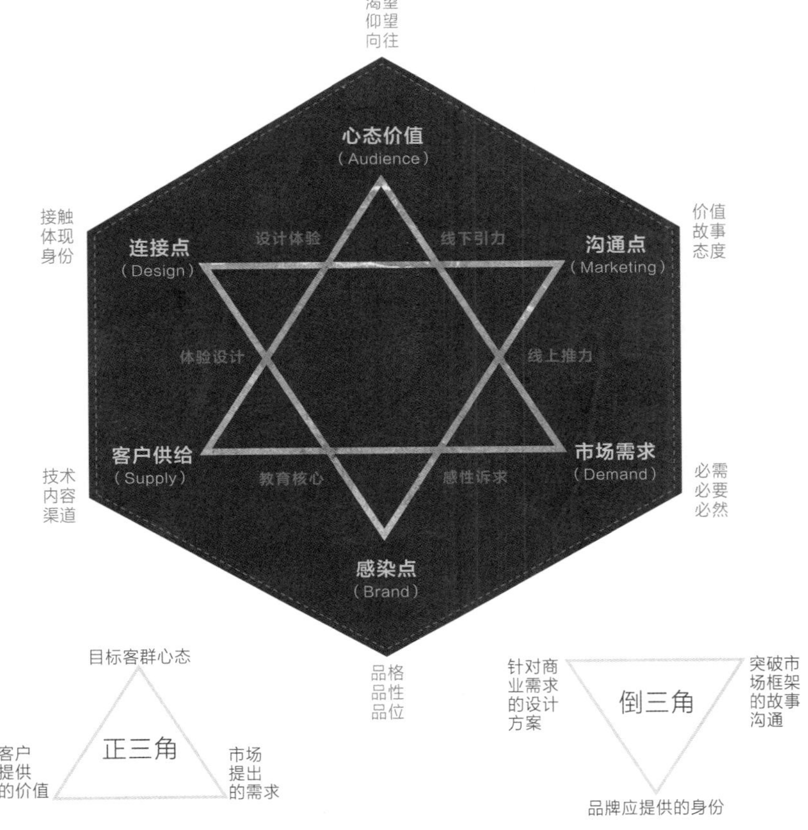

连接点讲的是设计，所以，在与心态价值连接的内角，我用**设计体验**来定义。设计体验需要被拆解，是在设计一种还不存在的体验，一种新的习惯，就像用拇指在移动终端上打字。

在连接点与客户供给的连接内角上，我赋予了**体验设计**这一个名词。为一个已经存在的体验，做出加值的设计。就如同让手机越来越大。

感染点讲的是品牌。与客户供给的连接内角谈的是**教育核心**。教育市场自己的核心精神是所有品牌都需要投资的项目。任何价值都需经由推广而产生追寻者，而在推广的过程中，品牌经营团队达成内部共识非常重要。如果不知道、不相信自己在经营和保护的价值，那么绝对无法清楚、自信地告知不认识你的人你是谁。

感染点和市场需求中间的内角是**感性诉求**。在影像为接收主流的新时代，市场不会给任何人说教的空间和时间。品牌能做的，只有在极短的时间内投下沟通的石子，激起消费者感性的涟漪，并期待涟漪能带来足够的波浪，让消费者主动地靠近，愿意花时间了解品牌的诉求。而投石子的力度、频率，以及石子的种类都需要经过设计，才会有效果。

沟通点定义的是营销方式。在沟通点和市场需求之间的内角以**线上推力**来定位。线上推力是营销课上老师不会教给你的概念。对教授们来说，对待线上这个由社群构成的世界，应该要用拉力。像老鼠会一样，一个拉一个，自然就可以轻松得到一群愿意听你说话的人。但这一群“老”师因为没有把线上世界变成自己生活中重要的一部分，所以不了解这个世界已经充斥各种可以想象或不可想象的拉力。线上的社群对于“拉”这个动作已经完全没感觉。现在要被看见，就要倒追，把自己推到别人的面前，甚至强迫他一定要看满一定的秒数。这才是面对线上社群所需要的“暴力”。

沟通点和心态价值中间的内角是**线下引力**。再一次，我挑战着既成的营销理论（写到这里，我发现我还真是蛮不喜欢没有实战经验的教授和只会讲理论却占着茅坑的广告公司）。现在的线下世界已经没有什么价值，因为这个世界无法提供线上世界所不能提供的价值。所以当地球变热、变平、变挤之后，越来越少的人会因为非娱乐性的动机在线下世界中闲晃。要在当下的线下世界有发言权，需要主动地创造引力。而这引力，其实就是商业娱乐服务。商场不再只是店家林立的大店铺，旗舰店不再只比大、比货全，活动不再只比促销、比动员。引力具有结合线下实体和线上虚拟的特质，让消费者可以在线下世界体验到线上世界不可能体验到的一切。现如今，在商场中开动物园、水族馆、博物馆都已经不再具有吸引力，要在水族馆、动物园、博物馆中加进虚拟的体验才能有聚集人潮的足够引力。通过混搭现实和虚拟而制造出非现实，是现今唯一可以刺激已经见怪不怪的消费者的猛药。

分解、重组、再分解、再重组，经历了复杂化、简化、强化的六芒星已经具备了可教育、可复制和可延展三个特质，而六个内角所产生的六柱帮助了外角定位。只要六柱不动，不论外角如何延展细化，六芒星的主轴也不会因为读者的体验和解释不同而出现不可控制的变化。六外角的分类细化，让所有人可以用十八种选项解出六芒星的基础。这进一步把原本需要极丰富战斗经验才能提笔疾书的申论题，简化成只要有专业经验就可以判断的选择题。

到此，我认为已经成功回答了我战友所提出的挑战，所以迫不及待把最新的版本传给了他。通常他都会当天回信，至少会回一个“收到了”，但这次却两天都没有消息。这让我开始担心，不知他是在游山玩水（但通常也会回信），还是新的六芒星偏太多，他不知道要怎么回应。第三天的清晨，我收到他的邮件，原始的字句我已经不记得，但表达的意思是：“佩服！跨出一大步了。”这时，我已经在我自己的世界中埋首了一个多月，是时候回头解决公司的乱局了。

这一个月的时间，公司员工的心态和表现每况愈下。每个人似乎都有心事，但当找他们聊，却又都说没事。等到他们真的开始问我问题时，不是一些小鼻子小眼睛的小气问题，就是回答了他们也不会懂的天题。到这个时候，我明白不能再拖了。再拖下去，乌烟瘴气就会变成常态。团队的状态表明，经过发酵后，人还是没有足够的自觉。我所要接受的，就是橙果到了一个蜕变的时间点。不论过程有多痛，这个蜕变势在必行，否则橙果不会有下一个十四年。但我毕竟已经不是小孩子，在做这种事关生死的决定时，还是会多想一些。在做任何动作前，我先和人力资源顾问开了几个会，细细地检视现在手上的武器、公司的状况、员工的态度、客户的状况和市场的趋势。评估过后，虽然知道此举必有风险，但我也等不到比现在更好的时机。于是在一天内，我毅然决然地开始动人。

我本以为每一家公司，不管规模、年资如何，都会同时存在这四种人：家臣、家仆、家奴和家具。但我战友和人资顾问异口同声强调的将才并不在这四类当中。他们谈的是将军，一个本来我在担任的职位。这表示，公司要成长，除了我必须再往上跳一阶以外，我还要创造出一个新的真空地带，让将才有晋升和容身之处（虽然我的战友一直鼓吹要用佣兵的方式找有用的将才，但用这种短期目的共利态度请人用人是我到现在都不愿意做的。这等于废了橙果快速蜕变的路，也意味着任何橙果的将才都是因缘分而撞进来或是由时间内部养成）。

我们做的第一件事，是用客观的工作成效、薪资多寡和个人分析把公司的员工分类成有成长潜力但须教育、有贡献但薪资和其提供的价值不对等、没有贡献和问题人物四类。在分类后，依类别快速地谈，让该爆的炸弹一次爆完。这样我们才能在焦土上重新种下一片林，春风也才有机会为我们带来新的种子。

这个换血的动作从 2015 年 3 月开始，到 2015 年 6 月 30 日正式完成，过程有太多不能公开分享的人性作为和困惑。对话过程中有太多让人失望的发现，也有太多难以割断但十分必要的舍弃……最后的结果是：90% 的员工离开了橙果，其中包括五位与我共事超过十年的老战友。

不过在这个过程中，所有新进的员工都学会了 50% 的六芒星，愿意留下与橙果一起蜕变的同伴也都认同并了解了如何使用六芒星。公司的氛围变得积极乐观，每个人也都建立起多元的技能。这个变化影响了整个公司的方向，自然地，合约金额变大，客户质量提高，负责的项目也再次变大。

如果是之前的橙果，质变所带来的重负会把我压得喘不过气，我需要痛苦地咬牙坚持，强迫自己勇闯难关。但这次质变产生的连带责任却没有带给我太多的痛苦。进入新篇章的橙果，虽然尚不能登大雅之堂，但所有人都主动地分担我身上的担子，让我既可以在需要的时候保持一定的行动力，也可以在疲惫的时候安心躲到幕后休息。

forest across east London
vertical forest (miami)
Venice Biennale
amplify sounds of Estonian forest
create sound into blend.
forest light : COS installation Milan.
lobby.
Forest Chapel : Hiroshi Nakamura
~~shell~~ shell
Pond House : TDO
自然的 feeling

未来

震荡

十年

未来震荡十年

尘埃落定后，眼前本应该出现新的路。我有了深化后的六芒星作为罗盘，并拥有一艘新的船，一群新的船员，前途虽然难以避免风雨，但绝对不会比过去的十年更糟。但事实上，尘埃落定后，眼前出现的竟是更多的尘埃。未来本就有无限的可能，每一个现在的决定都可能改变未来会发生的事。但如果未来的选项是无限的，这表示，不论我们做出多少新的决定，能够改变未来的程度是非常有限的。就好像我们在看蚂蚁觅食，当蚂蚁的触角接收到不同的信息而令之不断改变路线时，蚂蚁会觉得自己随时在改变，改变的幅度甚至大到让它自己都无法预测下一步会发生什么。但对于观察它的我们来说，因为高度的不同，蚂蚁所有的决定和改变都在可预见的幅度内。站在同样的高度，我也看不清究竟哪一条路径比较适合这个阶段的橙果。

世界变化得太快。2016 年初，奔驰发布了全智能电动汽车，这表示在 2020 年前后，人类通勤的习惯会被全面改写。当人不需要花费任何精力开车时，会如何利用多出来的时间？当每部车都能与另一部车连接时，车和人会如何互动？当所有的车都是电动车时，城市的能源规划和使用方式会如何改变？而在 2016 年年中，生活用机器人开始上市，这表示在 2025 年前后（近期新闻中很多大师都提到此事），机器人的技术会成熟到足以取代多数人的工作。

试想，同时有一百个小孩，每一个小孩都 100% 听话，且 100% 是天才，什么都可以学，又学得快，更妙的是，当其中一个小孩学会某项技能，会同时复制到所有小孩身上，当他们进入社会，不用休息，不用薪水，不会罢工，也不会组工会，这时人要做什么？多出来的时间要如何利用？

2015 年底，以色列的科学家已经可以借由糖分的类别精准地锁定癌细胞，也生产出精确的激光让医师移除癌细胞。当人又要多活二十年时，我们该如何计划？当死亡不再是一种恐惧时，我们要如何面对人生？在精神上，我们已经做好面对未来的准备了吗？这些突破性的进展会改写人类的惯性，社会结构和经济体系也会随之改变。这些新挑战都将因科技的跃进而突然到来，不像以前，改变在发生前会有预兆，给人类足够的准备时间。

常与没有小孩的人分享，女性在生下小孩的那一刻，就已经做好当母亲的准备。怀胎十月的过程中，她们每一天都在和小孩相处，小孩也贴心地慢慢增加自己的存在感，且不时给一些预兆，提醒母亲，我快到了。但对父亲来说，从小孩出生的那一刻开始，我们才真正地开始接受已经是一位父亲的事实。当完全进入这个角色，完全接受这个事实时，小孩都已经两三岁了。这导致了许多新手父母在小孩出生的前几年感到一片混乱。母亲嫌父亲不够用心，父亲则责怪母亲不能体谅自己已经很努力了。

这个经历非常适合用来解释这样的场景：当新世界的一切突然降临在旧世界时，人们虽然认知到新世界已经来到，却不知道要如何面对、如何行动。而看不到未来其实是因为离未来太近了，因此虽然能看到眼前的各种选项，每个选项的性质在他们眼里却过于接近，造成有选项等于没有选项。

这种感觉已经很久没有出现。最初在创业时有过，是因为那时的资源过少，做出任何选择都会有类似的结果，要破、要提升高度，唯一的方式是完全不考虑现状和现实，制定自己的游戏规则。而当坚持这一套游戏规则直到市场也接受时，就会出现属于自己的路。

当时我所设计出的游戏规则，包含了：

1. 绝不比稿

创意不是普通商品，不应该有免费的试用期或合法的偷窥条件。广告公司是比稿这一种反创意行为的始作俑者。以他们的讲法，创意好因此不会怕。既然客户听到创意后并不知道如何执行，那还不如大方一点，在他们付费前先让他们清楚地知道自己买的是什么。依我的观点，广告公司会推广比稿是因为自己的公司过于庞大，所以必须利用任何可以增加业务的方式，提高业务的获取概率。因为他们大，历史也久，多少会有一些“军粮”，而这些军粮恰恰是创业公司所缺乏的“必要之恶”。免费的比稿还能提升其他公司的进入成本（因为只要准备就会有成本），迫使创业公司选择与广告公司合作。这也是现在普遍出现的联合提案的由来。这样一来，就算创业公司的创意得到客户的赏识，客户的管理权和关系还是在广告公司手上。

2. 提高设计费

只要不是做慈善，投入和产出一定要成正比。在脑力密集型行业，可以投资的时间越多，结果就会越精。十年前的台湾地区，高科技代工刚起步，在如日中天的情况下，开始了所谓的 ODM[1] 和 OBM[2] 服务。但长期代工也令生产商对于价值产生了偏差。以工厂的思维，如果今天花了一百万买一台机器，就要生产出一百万个商品，这样成本均摊才会是一个一块钱。同理，如果今天花一百万买一个设计，这个设计也要可以被复制一百万个，要不然就不符合投资的逻辑。但要做出一个可以被简单且大量复制的设计，远比生产一台机器难。

机器是一件已经被研发完成的商品，其生产的过程和代工厂的代工模式是一样的：针对一个清楚的目标投资，研发可实行的方案，再转换成商品，进而销售。寻找需要回答的问题，投入资源和时间，有时还要买别人的专利，再经过反复的设计、组装、测试，才会出现可以进入市场的机器。这整个过程，有着巨大的投资。末端售价，是对这个商品大量生产后营销投入平均值的预估，并不是在反映商品的制造成本。多数时候，设计更为困难。因为每个客户都希望买到完全属于自己的、独一无二的设计，因此在设计合约中才会载明，设计的知识产权属于他们。

1 Original Design Manufacturer 的缩写，指由采购方委托制造方，由制造方从设计到生产一手包办，而由采购方负责销售的生产方式，采购方通常会授权其品牌，允许制造方生产贴有该品牌的产品。

2 Own Branding & Manufacturing 的缩写，指生产商自行建立自有品牌，独立完成从设计、采购、生产到销售的各个环节。

相较之下，设计一样要经过复杂的创造过程，但最终的“商品”却只能给一个人使用。十年前，我就觉得这个逻辑不太合理。当时，大的设计公司做一个复杂的工业设计，可以收新台币八十万，小的公司可能只能收到十万。但不论哪一个价，都远低于国外设计公司的基本起跳价。

如此，为何要默默地接受？经过计算，我评估出，一个工业设计至少要收五十万新台币，一个平面设计至少要收三十万新台币（现在的橙果的牌价已经不止这个数字，因为橙果已经有了其他可量化的附加价值）。不收到这个数字，我连正版的软件都买不起。用盗版的软件创作知识产权，对客户和自己而言风险都实在太高。执行这个价位时，团队的人叫苦连天，市场部的人认为我夜郎自大，我却一路走了下来。许多曾经的大设计公司因降价消失，很多一起创业的小工作室默默地隐退，而我每两年都可以再提升 10% ~ 20% 的价位。在这个价码下，时间成了我的朋友，它让我可以比别人多一口气。多这一口气所做出来的设计，会比较贴近客户的真实需求。

3. 着重于设计广度而非深度

设计常常被分门别类，每一类也都强调术业有专攻。问题是，当一家公司需要用设计来提升自己的竞争力时，无法只使用一类设计。

投资一部交通工具，形体要用到工业设计，灯具要用到光学设计，编程要用到结构设计，贴花要用平面设计，展示要用到室内设计，推广要用到沟通设计，影像要用到交互设计……如果还加进品牌设计，设计一个产品，就会用到至少八种不同的设计。

把这些项目拆成不同的生产线当然可以，但倘若生产线之间互不了解、互无交集，如何确保最终的产出可以使用？当然，每一条线一定都有其专业的部分，但横向的了解不也是绝对必要的吗？

这么浅而易见的道理，既然没有设计公司愿意做，那我就来试试。所谓的试试，是不去限制自己只能做什么设计，有机会就做、就学、就试。

前七年都处于多头马车、天翻地覆的状况，但一过了累积点，好像没有什么是没碰过的。我们开始能在乱中找出序，也就独树了**橙果的服务宗旨“没有不可能”，只有“不，可能”和“不可，能”。**

随着科技的发展，许多旧有的生产技术一直被打破。不管哪个门类的专业知识，似乎都云端化、智能化了。以前要用 Pro/E 做的模具图，现在可以被 3D 打印出来。电子模具也诞生了。现在连房子都可以用打印的。建设材料与方法成本价都低了 50% ~ 70%，人力也省下了 80%。如果不是已经建立了具有一定广度的服务专业并经过实战，把原本连接横向点的线扩增成带，现在橙果应该已经在末路上。但是，前面的路虽然还在，去向却是一条陌生路，陌生到橙果只能再次地把自己归零。

常碰到成功的企业主想要做品牌，却一直提不起勇气。对他们来说，品牌路，是一条通向新世界的路，是一条没有地图的陌生路。他们知道有许多企业借由品牌翻身，把渠道变成身份，把服务变成向往，把商品变成名流，但不知道自己有没有这样的命，也成为品牌的拥有者。

遇到这一类的客户，我都会跟他说：“如果今天你要成立一家新的公司，但还是利用你现在拥有的经验、知识、资源、影响力，你觉得成功的概率大不大？做品牌需要的不是思考自己有没有这样的‘命’，而是要有勇气放掉过去习惯的秋千，捉住下一个新的秋千。会多想，一般是因为勇气还不够，不想要再经历一次不稳定的过程。越成功的人，越不想再从头来一次，虽然只要他们愿意，会比任何人都爬得快。”

现在我面对的陌生路，就如同我服务的企业主所面对的品牌路，其实并没有那么难。只要我有勇气放下现在手中的秋千，就一定可以捉住新的秋千。毕竟，我已经学会了在空中表演特技，手臂也比一般人粗一些。于是，我把我新的核心团队找来，告诉他们，我要定出一些新的规矩。

准确来说，我要把我建立的游戏规则门槛，提得更高：

1. 公司分成两种项目类别：

我负责的项目和公司负责的项目。我负责的项目一定要经过我认识的朋友或是现有客户介绍。公司负责的项目尽可能地避免单一设计类别的案子。

2. 公司基本的项目起跳门槛为一百五十万人民币：

这表示需要执行的设计服务的牌价总和需要超过这个金额。

3. 尽可能地“少做”客户：

要确定是有橙果发挥价值的战场才进入。不要在妥协的状态下打仗。

这三条新添加的游戏规则让现在的橙果可以在当下还拥有自己的世界。

我的能力有限，一年最多负责四至六个客户。多了，我的脑力和耐性就会急遽下降；公司的资源有限，我们需要的人难练难找，与其分散打游击，不如专心为一些国王做佣兵。反正橙果已经过了求生存和求成长的阶段，也不太会为明天有没有饭吃、明年有没有房住担心，那就与其他的创意公司比气长、比肉多。

我相信，只要我坚持这样做，自然会做出必要的淘汰。只要拼命增加自己的实力，就会出现最适合自己的道路。不论结果是握天拥天，或是握地拥地，都不后悔。

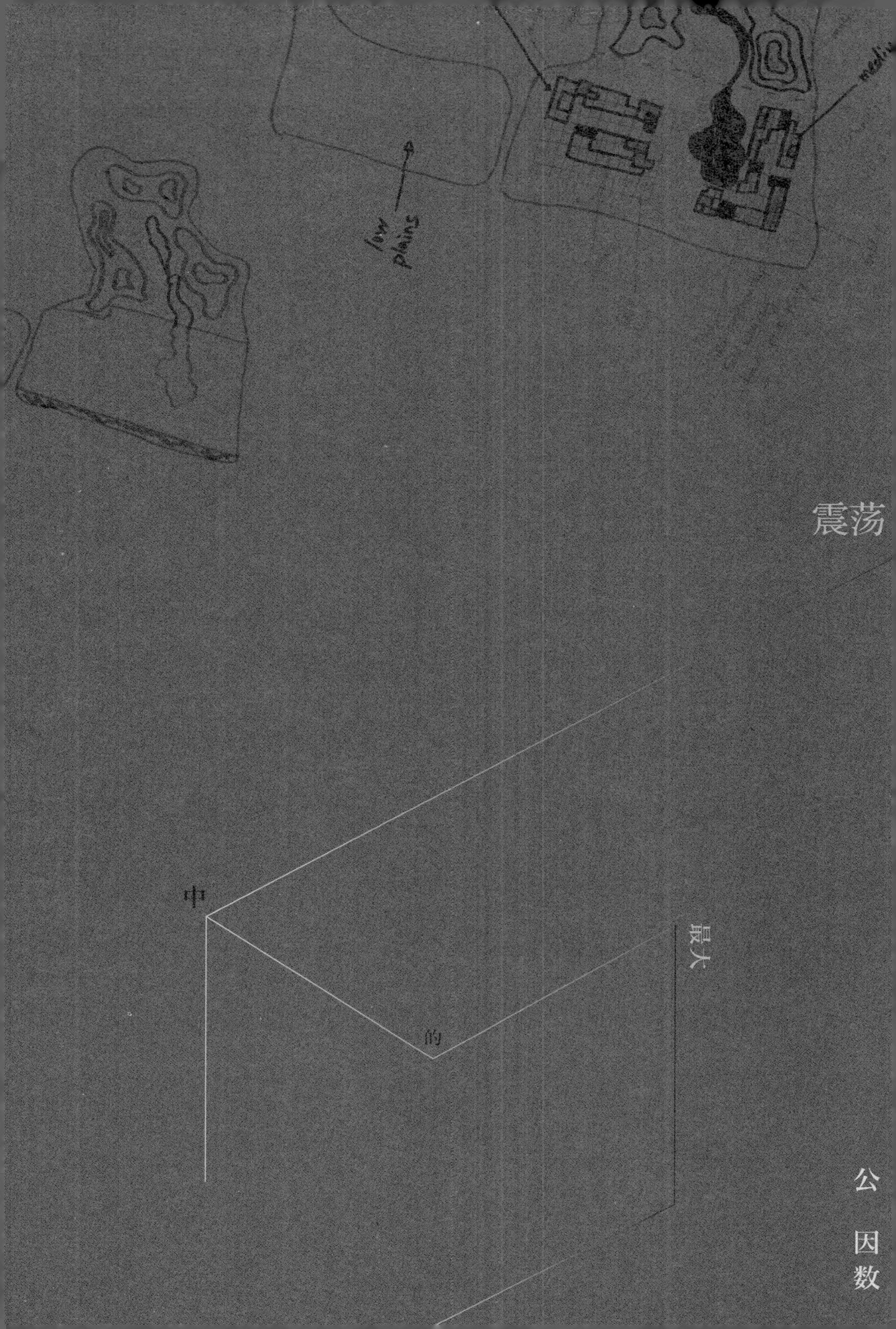

震荡中的最大公因数

震荡中的最大公因数

嘴巴上讲看不懂未来，实际上却是从事与未来趋势息息相关的创意行业。再怎么不争气，也要打肿脸充胖子，要不然团队会失去方向，客户会失去信心，公司就只能坐吃山空。

如果不能像以往一样看到未来十八个月的发展，那就试试看可不可以摸到未来六个月的走势。平时养成的阅读、搜寻和“空想”的习惯在这个时候就出现了累积的厚实效果（我相信并持续认定天道酬勤是所言不虚的。每次走到一面墙前，这些平常的努力就会展现出效果。这个体验让我一直质疑那些每天都在享受他们能够负担的生活的极限的创意者。常听到在做个人工作室的前员工可以休息度假一个月，或是平常晚上以及周末要品酒品生活。我自认已经很会利用时间，却还是觉得用于自己专业成长的时间不够。难怪创意市场一直不上不下，因为在市场内的人一直是用半吊子的心态在面对专业）。

静下心，在脑海中检视 2015 年到 2016 年所做的案子，我得出结论：未来的发展趋势，其实是建构在五个新的事实上。它们是：科技的进步所打开的时空交错体验、社群的惯性化所造成的无法控制的广度、经济的创新发展而推广出的新商业界线、网络生活化挤压出来的无新意世界和对进步速度无法预期的摸石过河般的发展原则。这五个现象，已经不是趋势，而是不会被淘汰的既定模式。只要充分了解它们形成的原因和含意，看不看得懂趋势、用不用得上趋势，就不会是决定胜负的关键。以下，我会试着解释我的论点和定见：

“ex”在英文的字义上有出、外、以外等。所谓的新世界中的常数，就是从旧世界的原则中发展出的跳脱旧世界法则的“出处”。

这就像我认定的设计价值：用新的逻辑和思维解决旧有逻辑无法解决的新问题。因此，我用五个“ex”开头的英文单词定义这些新现实。

Experience

深度体验

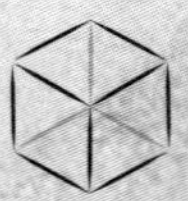

连接点

Expand

广度延展

感染力

Expect

过时界线

临界点

Extract

创旧为新

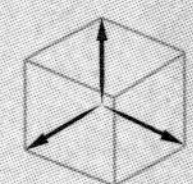

更新力

Exceed

范例消失

切入点

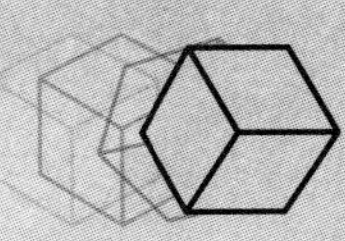

1. Experience Depth：Space and Time Remixed
深度体验：时空交错

第一次，时间和空间不再是体验的限制条件。

每当世界的新意让人们感觉到不确定性过高时，用新的方式呈现过去就成了品牌的惯用操作手法。这有点像是爱情，当热情冷却后，情侣们就需要正视两人平凡的未来。当心冷静下来，脑中的思绪就热了："我确定要和他相处一辈子吗?""他的稳定性够吗?""我的人生会不会变成无聊的叙述文?"这些"新意"，很容易造成不安、惶恐，使人想要躲避。这时，人为了得到安全感，就会追求熟悉的习惯，就算这个习惯带来的不是完全的快乐。过去，这个新旧交替的循环，与经济的循环互相呼应。每七年，旧，就会成为新。每七年，就会有七年之痒，想要试一些新鲜的事物。我们可以从时尚的表现手法和娱乐业的推广方向看到蛛丝马迹。

时尚现在在强调的复古，就是七年前所流行的"流行"。2017 年，所有的品牌都在讲欢乐、嘉年华、过去的荣耀。2010 年，当世界经济开始缓步复苏的时候，时尚业也是搬出了旧日的美好时光作为流行的标志和主题。当时，炒红了 Camper、Havainas 等用旧时记忆和标志作为时尚载体的平民奢侈品牌。现在，Yeezy、Vetements 又成了另一波时尚代表。娱乐业更是把复古一词商业化到极限。嘎嘎小姐（Lady Gaga）不就是之前的麦当娜（Madonna）？钢铁侠（Iron Man）不就是之前的印第安纳·琼斯（Indiana Jones）？在旧世界中，掌握时尚和娱乐脉搏的巨人，都有固定的棋盘和棋谱。世界看到什么、听到什么，都由他们掌控。所以只要定时在人们几乎遗忘的时候翻出旧的，就可以创造出经典。这种固定的变化，却在科技突破“认真”瓶颈时被打破。

当科技已经可以令时间具象化——不论是过去还是未来，并推翻空间——不管是现实或是虚拟，现在式的感官体验就有了完全不同的定义。科技让所有的时间轴叠在一起。任何人都可以借由已经开发的简单工具和社群，把任何人的过去、现在和未来揉在一起，让原本富有规律的海浪波纹变成随机的地震波纹，让原本无法同时出现的情境同时出现。我称这种现象为**奈克体验**。

空间延伸进虚拟的无，让虚拟具象于今日的实；这些时空的交错，就是现今越来越被需要的奈克体验。当影像取代文字成为人们最熟悉的知识接收方式时，人们对感官刺激的更迭需求也急遽增加。从七年缩短为三年，从三年缩短为三个月，从三个月缩短为三天。而生于新世界的网络原住民，将那已经极快的三天变成三分钟。当这个世界的认知如此快速地变化，如何期待时间和空间按照原来的共识继续存在？当爱情从心头小鹿乱撞转化为鼠标屏幕乱点时，体验又如何需要堆叠累积？

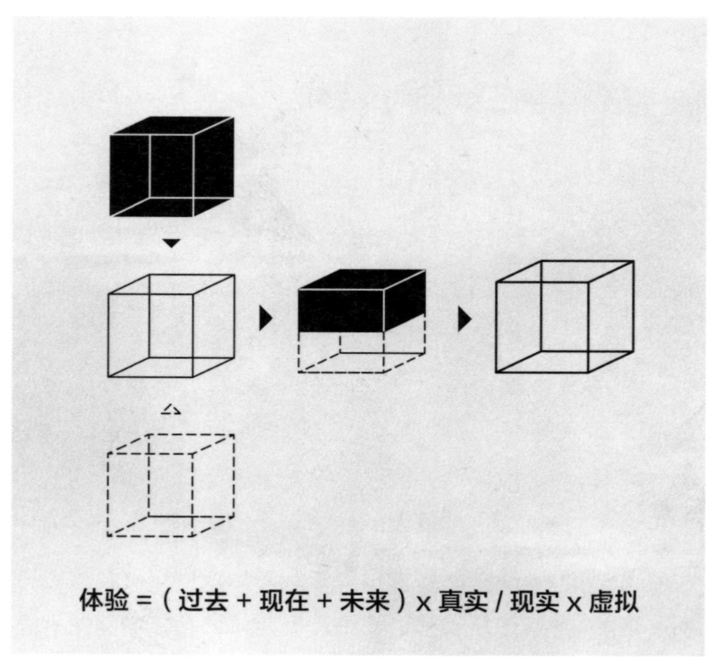

2. Expand Horizon：Uncontrol the Controlled

广度延展：放弃已控制

点对点的密集度已经构成新的面。一个不可被控制的集合体。

网络的扩散和科技的进步造成最大的改变就是微型市场的分子化。二十年前，市场还在谈国际化；十年前，变成本土化；现在已经没有清晰的市场分界，大家在谈的，都是网络化。不论是中国的微店、大数据的 O2O，还是刚开始的 SC（Smart Commerce），都试着掌握分子化的市场。

一个过去的客户，之前的朋友，现在的陌生人，一直在大陆做着比台湾地区大的零售生意。记忆中的他，很喜欢讲话，很喜欢创造自己的理论。2015 年他公开地定义了网络与实体零售的三个阶段：O2O、O+O、OxO。如果没有记错，他的 O2O 与普世的定义一样。O+O 的意思是两个 O 要同时存在。OxO 是所有的 online（线上）要结合在一起和所有的 offline（线下）合作，才能有一片新的天空。

在看过太多的商业手法和骗局后，直觉告诉我，他根本没有找到方向。他只是在遮掩传统零售业已经无法掌握市场这一事实。他很需要其他人的资源来帮他渡过这一关，却不想失去自己的面子。online、offline 本来就是新世界的一体两面。传统产业不重视线上世界，因为那离他们的生活太远。加上，传统产业的头儿，很多都已经七老八十（在台湾地区连高科技业的领导者都是老人），能在钉棺前不改变自己的习惯，就尽可能不改。

如果真的看到这是一个必然的未来，一个让企业在新世界中依然有机会的新商业方式，传统产业的人也会不自觉地用最简单的答案来回答复杂的问题：我们只是需要一个新的网站，或是，我们需要用大数据分析。就像是在用三种看似有道理的方法，却只是在讲一个既定事实的答案。想要回答网络交易的核心技巧是什么，要先读懂网络的点对点密集度，要先知道这是一个复杂的问题。如果以网络架构为思考点探索，只会得到更复杂的答案。换个角度，以物理科学为滤镜，能看到一些较为纯粹的核心逻辑。

完全以物理学的角度来看，世界上所有的物体都是由分子构成的。分子内的原子用引力和推力结合为不同的面。各个面的堆叠触发不同的形体和功能。这就像现今的市场，因为网络和移动终端的普及，几乎每个人都可以成为产生连接力和影响力的最小的单位。一个人可借由网络，随时找到十个、百个、千个与自己有类似价值观的支持者。所谓的名人，更可以随时影响十万、百万、千万支持者的价值观。这表示，所有看似具有决定约束力的既定组织，实际上已经失去其绝对控制力。

面对集结成面的点，不论在传播还是销售上，传统的推力已经没有影响力，因为失去了着力点。就算以推力影响到少数，也不会对他们周遭的人产生影响。新一些的拉力在使用上会比推力好，但因为受力面是点，所以被吸引的会稀释成散面。在这种新市场中，最有效的是用引力来传播和销售。创造出一个灯塔，一个可以令分子产生共鸣的标的，让分子被吸引，再用分子吸引分子。相对地，这要花费的时间和投入的资源是较长较多的。另一种可以造成短期的感染效应的方法是建设性的破坏：在分子的面上投入一颗石头，借由涟漪效应把感染力扩散出去。在经过设计和规划的时间和位置丢石头，就有可能产生新趋势。

2016 年，我在做杭州一个新创的电信品牌时，提出了以这个物理模型为基础的线上线下两种模式。第一个模式：我把 O2O 变成 Smart to Smart（人性智能对人工智能）。我的思考点是：不论线上线下如何串联，都需要触屏。而用触屏的，就是最原始的人。

当所有店家的店都一样大（屏幕的大小），后台所用的物流、“金流”、人流都是一样的时候，能触发购物欲望的只有另一种智能的对话。因为他们都是“智能”，所以不能用单向控制的方式。这时，就**要把 ECommerce（线上商务）转换成 Emotion Commerce（情感商务）**。情感是机器目前无法复制的唯一一种人性。这也是能够直接触碰到人心的最佳方式。在做法上，也很容易利用现有的公开数据让沟通由硬性变成软性。

有了社交软件后，有多久没有打电话了？有多久不想打电话了？如果可以把通讯录中重要的人与影响他们情感的公开数据——例如他买的股票、他最喜欢的球队、他住的城市的天气——链接起来，再加上适当的提醒：股票涨了、股票跌了、球队赢了、球队输了……自然会让关心他们的人有理由和他们联络。我把这称为软性沟通。这些都是在不控制的前提下做出引与导的动作，而引导在点对点的世界中远比主导有效。

简单来说，沟通面的组成已经分化至不能被控制。唯一的控制方式是放弃灌输的念头，转以感染的方式增加引力，让面主动聚集于想要沟通的价值旁边。沙聚成塔时，自然会形成灯塔，让远方的点继续靠近。

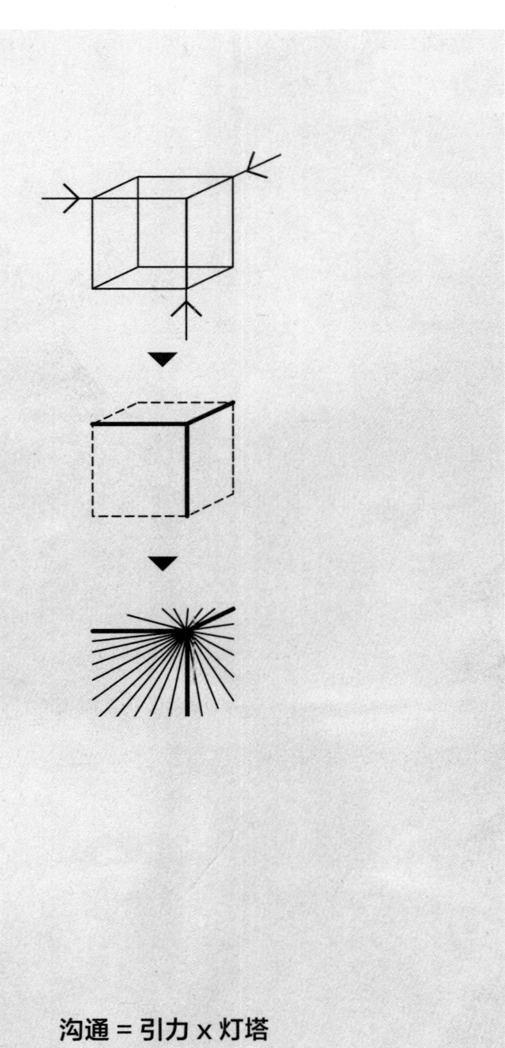
沟通 = 引力 x 灯塔

3. Expect Everything：Boundaries are Old Fashion
期待所有：临界点

既定纵轴线已被发散射线取代。

手工被机器取代，智能被网络取代，经验也将被软件取代。基础的实行，在机器人普及后，也将失去价值。在这朵云下，人的社会价值和功能将进入新的局面。以往熟悉的企业运作规则，也将因为这些基本元素的调整，产生很大的不同。

试想，如果以传统的方式建立和运营，Wikipedia 需要多少资源、人力，就算是 Google 加上 Apple 都不一定可以执行。Wikipedia 之所以可以接近免费运营，是因为利用了新形成的卫星型商业模式。它让每一个功能再次细化，让参与者可以随时参与和不参与，让任何起头可以被任何人继续下去。

共享的帽子驱使网络上的众人有使命感地分享众脑。当使命感被转换为成就感，小零件也愿意在无实质利益交换的前提下付出。这就是“最终成就无须在我，却因为有我参与”的新时代价值观。

这样一来，原本企业习惯的纵向整合已经是不必要的成本支出。在新世界中，本就要想得快、变得快、做得快，这些需求和传统的纵向模式完全背道而驰。越是完整的纵向发展，越容易为企业造成过多的包袱。就算已经察觉市场风向改变，也无法追上。

创意、沟通、发明、信息……这些要素最终都会变成外部的卫星单位，不但降低固定成本，而且让企业有更多的选择和调配的权力。一次香港行，我与一位大家族的长子聊世界时谈到，在二十年后，世界上还有什么工作是一定要人才可以执行的？如果有，那是多特别的工作？这种工作，又有多少人可以做？我俩年纪差十岁，家产差亿倍，学历差五大截，却一致认为，不可避免的失业潮即将到来。企业一定是一个将本求利的丛林法则运营体，只要有机会可以剔除人这种存在巨大变量的成本结构，绝对不会手软。

要在未来依然拥有无法被机器取代的利用价值，就要学会使用、拿捏和链接卫星。单才（只会问 What 和 How 的人与机器的输入和输出不会有差别）已经没有价值，多元多才（会问 Why 的人才可以与机器区别开来）才能确保还有工作机会。

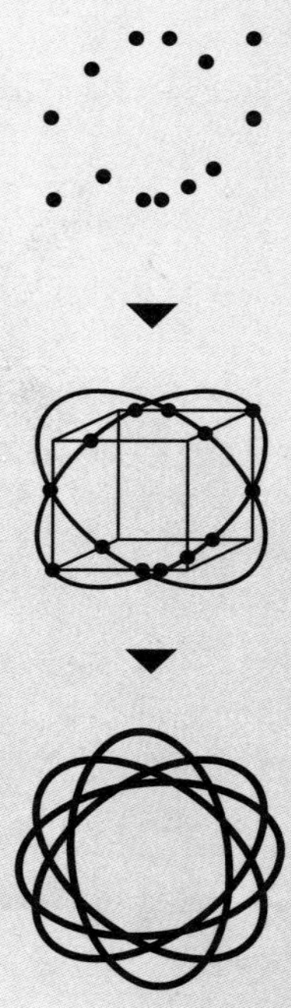

创意投资 = 卫星（技术 + 速度 + 经验）：固定成本

4. Extract Something：New No Longer Exists
精炼存在：创旧为新

众脑下没有创新机会，只有翻旧的空间。

当世界还是圆的时候，创新的空间相对较大。人和人、企业和企业、国和国、洲和洲的距离，让大家可能互相不知道各自的“新”。机会投资者会直接拿别处的“新”到自己的封闭式环境当成自己的“新”使用。这种封闭市场下的新意操作手法，在网络普及后失去了操作空间。最新、独创成了极少数精英才拥有的能力。99.9% 的人不再有全然属于自己的“新”。

在这个架构下，广义设计的重点在于对“创”的重新定义。既然无法有“全新”，只能以旧为基础，创出新的旧。发明者拥有新，创意者以旧翻新。乔布斯说过：“创意就是将事物联系起来。”这句简单的描述，清楚地为所有想要继续走创意这一条路的天真斗士们框出了未来竞技场的围墙。创意这个专业的价值，在因为网络而产生的众脑屋顶下，势必要被重新定义。

“创造连接事物的意义”是我对乔布斯的话所做出的解

读。我很认命，很了解自己，知道自己不是那顶尖的 0.1%。最多、最拼，我也只能挤进那前面的 5% ~ 10%。我要比的不是发明，而是用已经存在的事物创造出新的意义。在橙果，我们是不“玩”美的。我们玩的，是习惯的重组，是创旧为新。

旧有着无限的机会和吸引力。机会在于旧的事物有迹可循，因此不像新，必须投入大量的资源来搞清楚未知的状况。许多旧的人、事、物和故事，缺的只是符合当今行为和美感的诠释，而不是已经没有利用价值。在这一点上，中国的历史让东方市场成了一个“以旧翻新”的宝库。如同一个有着丰富矿产资源的地库，其间不同矿石产生不同反光，共同向黑暗延伸。没有人知道其全貌，因此存在着无限的想象空间。

东方，虽缺乏完全的创新，却以“以旧翻新”的方式，形成了一个独特的庞大经济体。而吸引力源于习惯。在新的未知中，因为缺乏立足点，人会有恐惧感，因此希望拥有一些熟悉的事物来平衡这些不可避免的恐惧。这时，旧价值、旧故事、旧习惯就成了具吸引力的新需求。未来的新，99.9% 会从了解旧开始。

反观西方世界，一个以外放、直接为个性的侵略者（虽然以世界警察或其他冠冕堂皇的理由自居，但他们的所作所为都是为了保护自己的既得利益。在这点上，若直讲，反而会显得比较大气），如同一个显露在地表的矿堆，有什么矿、往哪里延伸、有多丰富，都被一眼看完。再往细里看，不难发现，近几年西方专注的，是通过开发全新的事物以平衡已经没有新戏、新价值的现状，而成功的只有少数与生物技术和生产相关的技术。

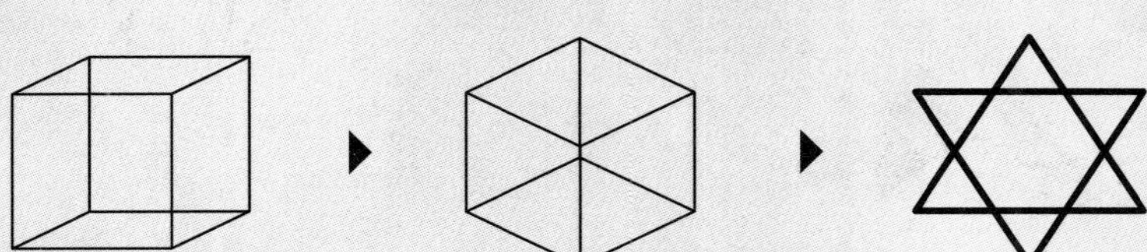

创新 = [新 x（美感 + 行为）] / 旧 x [（价值 + 习惯）]

5. Exceed Nothing：No More Case Studies
超越无市：范例消失

没有先例的世界只能摸石过河。

乔布斯说过，我不做市场调查，因为消费者不知道他真的要什么，直到他看到他要的。这种态度让苹果成为世界智能生活的先驱。

当演进速度超过预期时，如何通过过去的经验获取对未来成功的预测，变成一个无解题。传统企业一直试着转型，有些了解到未来已和现在不同，但由于枝叶过大，能悟却不能行；有些拒绝看懂未来，又放不下既有利益架构，只愿在已经开始干枯的水塘里继续当大鱼。新兴企业以未来为蓝图，却在成长到一定规模后，不自主地进入传统企业的模式。当无所失去时，敢做多数人认为是天方夜谭的事；当有所失去时，想要的却是安全护己的架构。随着时间向前推移，这种拉扯会越来越没有功效。

当未来和现在重叠时，不可预期的变化和风险会随时出现。企业，必须具备绝对的“机动力”，才能在乱象的常态中搏出自己的路。

道理易懂，做起来却困难重重。最简单的，从公司编列预算的方式来看，传统企业以年为单位编列预算，以季度审核预算的成效，一年做到四件事就已经很了不起了。新形态公司以季为单位编列预算，以天来审核预算成效。天平的两端反映着他们对于市场变化的不同处理态度。旧的偏慢，新的太快。旧的相信慢慢走总会过河，能少跌几跤就尽量少跌几跤。新的认为反正一定会跌跤，那还不如快点过河，不要想太多，碰到问题再说。

运营上的不同做法，让创意产业的信用累积变得一样困难。旧的给出资源却缩手缩脚，新的给的时间明显不够。各有其难做的地方。除非具备多产业、多面向、多技术、多经验的实际战斗经验，否则很难有实力在未知和实质商业行为之间的模糊地带中用创意的空来创造未来的实。

范例不会在一天内灭绝。范例都是慢慢地消失。也就是说，累积面对范例消失的信用，其实在十年前就已经开始了。这表示，当世界往微单位发展时，创意反而将往大者恒大的方向成长。这里的大，不是企业的商业规模和员工人数，而是接触创意的广度和执行创意的高度。

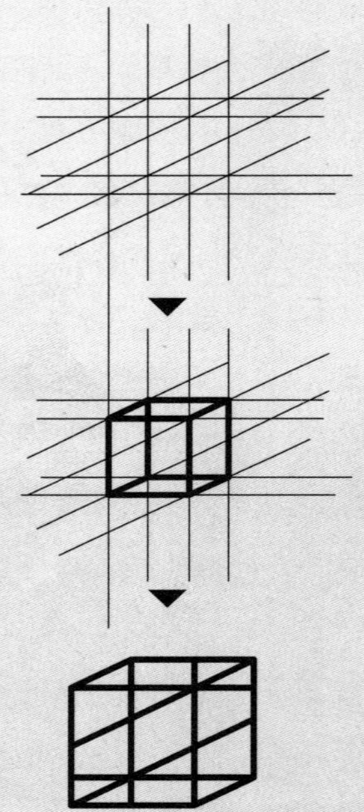

创意决定 =（直觉、经验）+（相信、资源）

这五个新的现实是目前我可以预见的所有趋势的起点工具。混搭地使用这些工具来解释趋势就不难看出其在六个月内的发展。我在写这本书的时候最红的时事，如果单从创意这个面向来看，就是挽救任天堂的 Pokemon GO 所造成的世界“乱象”。它的成功是因为使用了上述的所有新规矩：有**时空交错的体验**：让玩家在现实中找到非现实；有**放弃控制的玩法**：链接公开定位程序，放弃由创造者做出游戏规范；有**新期待的成就**：把实际生活中的探险和虚拟的身份提升结合；有**创旧为新的习惯**：让一个行之有年的旧故事变成人人可以进入的新世界；以及，有**超越规矩的游戏**：挑战“玩电玩只能在虚拟世界中”的规矩。

晚上遛狗的时候，看到一位爸爸与家人一同散步。小孩推着自己脸上的眼镜，不停地问爸爸：“看到怪兽的时候要让我丢。”爸爸推着下滑的眼镜，盯着自己的手机，自言自语地说：“又是螃蟹。”这位爸爸已经深陷在新世界构建的感官世界中，他的小孩也已经将这种一心二用的散步视为正常行为。

小我的完全变态

小我的完全变态

Pokemon GO 的风行也展现了另一个我不乐见的事实，那就是小我的完全变态。

这个现象目前还处于公说公有理、婆说婆有理的阶段。从五六年前开始，台湾地区出现了“小确幸”一词，描述着人需要有小而确定的幸福，人生才有意义。同时间，世界经济开始与过去稳定的七年循环脱钩。面对未知，面对已经没有机会再回去的、过去白领才能享有的好日子，面对自己的价值被未来判定无用，许多人变成鸵鸟。他们把头埋进现实的沙堆中，闭起眼睛，捂起耳朵，就只用嘴碎碎念，念叨应该对拥有的感到知足，而自己没有的部分，是因为世界的运行机制坏了，社会的不公扩散了。

网络社群的点对点机制在这一个群体性落魄发生的时候，发挥了奇迹制造者的作用。它轻易地让每只头已经埋在沙中的鸵鸟知道，原来整个世界有这么多人有着同样的心态，那自己就不会孤独。不孤独，他们就更容易相信，这种小确幸就是新世界中最重要的自我利益。有些人甚至把它视为自我存在的证明。这种心态造成来公司面试的年轻人（这里不是指年纪，而是在心态上还未成熟的人）90% 都不能用。新进人员能够过关斩将、赢得被公司投资的机会的，更是低于10%。

当个体的意识过大，自信会泡沫化。自信泡沫化会促使自傲、自负，或让自卑取代原本自信的位子。这三种自我情绪并不成熟。它们不像自信，需要经由时间不断地验证，而是短暂的负面安慰。用旧世界的词语形容，小确幸是包装过的酸葡萄心态。如果一个人只追求小确幸，每个月都按自己的喜好上班，赚的钱不多，却很自由，月复一月，年复一年，到了中年，还是在不上不下的社会与经济地位中吹捧自己的幸福——那如果家人生病了，医药费怎么办？政府为你负担？朋友借你？其他家人无息资助？如果想要旅行，旅行开支从哪里来？不会认为一辈子都在台湾地区自助旅行就是幸福吧？自由中有一部分就是去体验异国的文化，但没有多余的钱，哪能拥有这种自由？

“小确幸”这个概念，即便撇开是否对社会有建设性这一前提，也只适合孤独的人使用和执行。在正常的社会结构下，“小确幸”只是为不想承担和负责的行为“正名”。

2015 年第四季度到 2016 年第二季度，公司不断地、积极地在找对的人加入。经过 2014 ~ 2015 年我用力地搅乱一池春水后，公司内出现严重的断层。老的、有经验的（不论这些经验是否有价值）、有默契的（不论默契是否是装出来的）员工（公务员们）都离职了，剩下的都是还需要训练的小狼。但案子却越来越多，越来越大，越来越复杂。（钱永远都是在你不追它的时候，主动跳进你的怀抱。）除了自己耐着性子撑住，尽量与新人多沟通，培养与他们的默契外，能做的就只有期望对的人快点补进来。而“小确幸”的心态，在这个时间点，不但坐在我的对面，还已经把手套脱掉。

橙果经历了三次大换血。每一次都是因为公司已经成长到下一个阶段，原来的战友、工具、资源都必须全面地升级。草创期的试，生存期的守，成长期的舍，都是必须经历的重。所以，对这家历史只有十四年、员工数只有三十五人的公司来说，员工编号却可以逼近三百。这可以有两种解读：1. 橙果是一家非常“筛人”的公司；2. 橙果是一家留不住人的公司。公司内部的人都倾向以 1 作为答案。但一旦离开，不论因为任何原因，都会自动认定 2 才是真正答案。离开公司的员工对于橙果的负面评价（其中有真的，例如我是一个非常不好相处的人、我不够专业……但多数都是空穴来风的揣摩推测）把公司塑造成一个制度不合理的血汗工厂，而不是一个有理想的幸福企业。台湾地区的创意圈子又小，所以就算请了三家猎头公司，我还是找不到对的人。

一位教设计的教授曾给猎头一段令我印象深刻的回复：“橙果我知道，我有学生在那里待过。听说那是一个很累的地方，没有人要去。要我去可以，就看蒋友柏要花多少钱请我了！”当教育者也脱离不了小确幸的心态时，又如何能培养出具国际观、大气的下一代栋梁？

我亲自面试的时候也听到过这样的回答：“我就是要这么多薪水，因为我在国外待过。但我不要事多，因为我很注重自己的生活质量。”也听过：“我来就是要超越你。”“很好，我喜欢别人取代我。那你一年要带给公司多少业绩？没有钱，一切都是空谈。”“我可以带来一千万新台币。”“你知道，一千万新台币是我一个案子的价钱。所以你一年只卖一个案子就好？”“这样就够了。”

小确幸心态只是在包装这样的想法：你要让我幸福快乐，但我不愿意付出太多、承担太多责任。花了一年的时间找人，我只得出这个社会生病了的结论。努力加上一些幸运，公司的佣兵团得以慢慢地壮大。或许还不是最完美的团队，但有战友愿意用同样的理念一起作战，现在已经是不可多求了。

当我以为小确幸的负面影响不会再加剧的时候，已经进来的新人出现了新的状况。在半年内，我听到三个人用“我有忧郁症、躁郁症”甚至是“肠躁症”的理由提出离开的愿望。在谈的时候，他们都表现得如同被关在笼子里的动物，焦躁地绕着圈圈，急着想要走出笼子、奔向自由。他们讲的话，都一样:“我要快乐。让我快乐吧。”问题是，橙果不是一间动物园，我也不是驯兽师。我们是一家创意公司，每天都在做着复杂且具有挑战性的创新。这个过程一定累，一定会有烦的时候、沮丧的时候，但却没有任何人会阻挡另一个人的快乐。忧郁症、躁郁症这种文明病，竟然也变成了小确幸们的一部分人格，变成了他们不想面对、不想成长的一个借口。

我很想告诉他们，我没认识一个没有忧郁症或是躁郁症的人。在法国，忧郁症还是一种时尚的象征。面对压力的正确做法，是要让自己健康地“面对”，而不是直接竖起白旗，说这个压力让我不快乐，所以我可以不去面对它。世界就这么大，人生就这么多种变化，今天碰到问题不去解决、面对，明天还是会碰到。小确幸的心态，让小我有了不用面对大我的借口，也给了小我要求大我给予不对等好处的理由。

儿子升六年级的暑假，中华航空成功地利用罢工事件，让小我的意识登上了媒体的版面。小我的利益，第一次登上台面，超越大我的合理性。我会注意到这件事，是因为那段时间有次去日本，刚好和我二弟去日本的时间交集。

十五年前回中国台湾后，就一直没有机会和家人在中国台湾以外的地方见面，更不要说一起度假。我的习惯是坐长荣航空由台北松山机场直飞日本。我弟因为住在台中，所以我认为，他一定是从桃园坐中华航空到日本。这一次的罢工，应该会影响到他原本的安排。

有关此事的新闻中，有来自专家学者、空乘人员、资方、劳方、政府的不同观点。每一个观点，都被热烈地讨论着。但其实，罢工方根本的诉求只有一个：给我更好的待遇，要不然我就牺牲相信我们服务的消费者的利益，而且是他们已经购买的利益。所有罢工的基础诉求都是更好的待遇，但他们得到的结果真的是更好的待遇吗？如果不是，那集结小我来威胁大我有意义吗？

中华航空的工会所提出来的要求有七项，包括工时计算、报到地点、外站津贴等。我不是空乘人员，不了解其中的辛酸苦辣，无法评判这些要求是否合理。但身为一个消费者，我却可以明确地告知，在欣赏完罢工这一部连续剧后，除非真的没有选择，我以后不会再坐中华航空。

在劳方和资方谈判的现场，美丽的空姐们变成了泼妇。她们敲着桌子，大声地叫嚣，而旅客的利益被完全摆在一旁。工作条件的优劣当然重要，但旅客们安排已久的旅行、难得的家庭欢聚时光、急需处理的公事难道就不重要？劳方可以说，如果不用这种激烈的手段，资方不会让步。但就算资方完全让步，工会得到争取的全部利益，但因为这个行动伤害的公司的形象、损害的消费者的信心、再回不来的市场支持，又要如何弥补？失去市场占有率，赚不到钱，就算答应了100个条件又如何？公司如果倒闭，再多好处都拿不到。拿不到的好处，与拿得到、只需勉强接受的好处孰优孰劣？

或许，在集结小我为大我与资方争取利益的同时，能够站得高一点、看得远一点，不只计较短期利益，就可以用更漂亮的方式，在争取自己的权利时，也顾及衣食父母的权利。客户们辛苦了一年、准备好好度假的时候，会在意的都是自己的利益。空乘人员是否得到公平的对待，怎么会是等着出国的人所关心的呢？如果空乘人员有同理心，能够为消费者着想，采用诸如轮班制的罢工方式，那所有感受到空乘人员的用心的消费者，就会把空乘人员的小我利益和自身的小我利益做出连接。一旦连接，就不会产生“你的事不关我的事”的认知。这会让中华航空在事后处理形象和信用的实质问题时有比较好的立场，也不用担心来自商业面的打压和排挤，

反而会让公司无法达成资方和劳方所做出的共同承诺。

大陆现在有一个呼应“小确幸”的新词叫“小确丧”，定义是小而确定的沮丧，陈述的是每一天难以避免的沮丧事情。这些小沮丧让人觉得活着。没有这些沮丧，反而不会感到快乐，也不会感到时间在流动。

比起小确幸，我更能与小确丧连接。我的生活作息非常规律，每天5:30起床，6:00买早饭，6:20喂狗，7:15出门送小孩上学，8:00到公司楼上咖啡厅，8:30与同事开早会，9:30～13:30上班，14:30回到家，15:00遛狗，17:00买晚饭，18:00喂狗，19:00遛狗，20:00帮小孩改功课，20:30清洁狗的房间，21:00～22:00回信，22:00以后是自己的时间，直到睡觉。除了出差和度假，每天几乎都一样。

这样的生活让我每天都有可以期待的小确丧，不论是上班还是遛狗，都是我希望避免却无法避免的事。与其很烦躁地面对它们，我学会了用横向思考迎接它们。例如：遛狗的时间大约是一个小时，这段时间只有我和狗，也就是说没有人会来烦我。边运动边动脑，变成遛狗时的挑战。这样每一天我就多了一个小时可以好好与自己对话，而不是浪费一个小时遛狗。上班时开会也是一样，把开会的时间当成投资，那么现在花越多时间与战友们沟通，以后就可以和他们打更漂亮的仗。这是一种投资的观念，虽然还是有风险，但也会带来一定的回报。

这样想，这些令人沮丧的日常事务，就变得有意义。有了意义，就有了持续的理由。持续成为习惯后，就不会觉得不能忍受。反而在不做的时候，觉得一天闲得有点怪。这些小确丧不断地提醒我，任何一段完全属于自己的时间，都是奢侈的享受。所以我在每天的片段中，常会找到让自己放松和开心的理由。每天就是如此，日子就是如此，没有人可以跳出这个轮回。工作可以有意义、有成就感，却不会是绝对快乐的。生活可以是惬意自在的，却不会是绝对轻松的。

我本质上是一个悲观主义者，信奉的是能出错的就一定出错，才会在创业初期摔跤后，归纳出“早知道”的处世原则。“早知道”的概念非常简单。常常我们会听到人们说：“早知道会这样，我就不这么做了。”“早知道会有这种结果，当时我就该准备其他退路。”“早知道他要离开，我就多用点儿心。”用“早知道”，作为文言文的马后炮。当时，我也每天处在“早知道”的对话中，听到自己都觉腻的时候，不禁问起自己，可能真的早就知道？因为会让人以“早知道”为开头谈的事，不是坏事，就是“错过和可惜”的好事。这两个议题的核心，都是我们其实能够想到却欺骗自己不会发生的事。如是这样，凡事先做好最坏和最好的打算，不就事事都可以早知道?

预设公司一年后会出现没有订单的困难，我就可以从现在开始调整，让自己多一年的时间准备。预设客户在半年后会出现危机，就让自己多了半年的时间安排对策。这样，如果有事情发生，就有了准备。如果没有发生，也增强了自己的实力。空想再做出准备，就是“早知道”的思考模式。这与小确丧有类似的理念。凡事都往预期之外设想，都往不可被控制的方向准备，当真的碰到可能会碰到的意料之外时，就不会乱了套。而当有时事情竟然如你的意进行时，就会有赚到了的幸福感觉。

把人生中的每一天当成一块钱，每个人一开始都有两万七千三百七十五元（如果用男性平均年龄七十五岁计算）。在中国台湾就是两万七千三百七十五新台币，在中国大陆就是两万七千三百七十五元人民币，在美国就是两万七千三百七十五美元……这个总额不会增加，每过一天就少一块。二十岁时，还有两万零七十五元的余额。到了四十岁，就只剩下一万两千七百七十五元。一万多的新台币非常地少，在台北连维持基础的生活都不够。面对这么残酷的事实，还要用小确幸来欺骗自己吗？难道因为自己的时间本就少得可怜，反而一定要一直强调自己的存在？人类，必须有“梦”才能活下去。人一定要觉得明天比今天好，就算只是一点点好都无妨，才能继续不变的人生。小我意识的抬头，小我所创造的骗人“小确幸”，为很多人带来了伸手可碰的假“梦”，成为现在的普世梦。

普世认定十年后的未来，也得等今天吃饱了再说。十年前，五十年前，大家面对的事实就是这样。所以，不论十年来发生了什么事、十年后会发生什么事，大家想的还只是今天的事。这就是小我意识为“小确幸”买单的理由。但在只剩下一万两千七百七十五元余额的状况下，我却有着不同的想法。我相信，下定决心誓要登上巍峨高峰的人，和一心向往住在有人保护他的地方的人，所看到的风景是不同的。我希望我的小我意识可以俯瞰人生，而不是只能平行缓慢地运行，看着人生在今天的片段。

这，才是小我的完全变态。

这一种人，才是我想要共同作战的人。

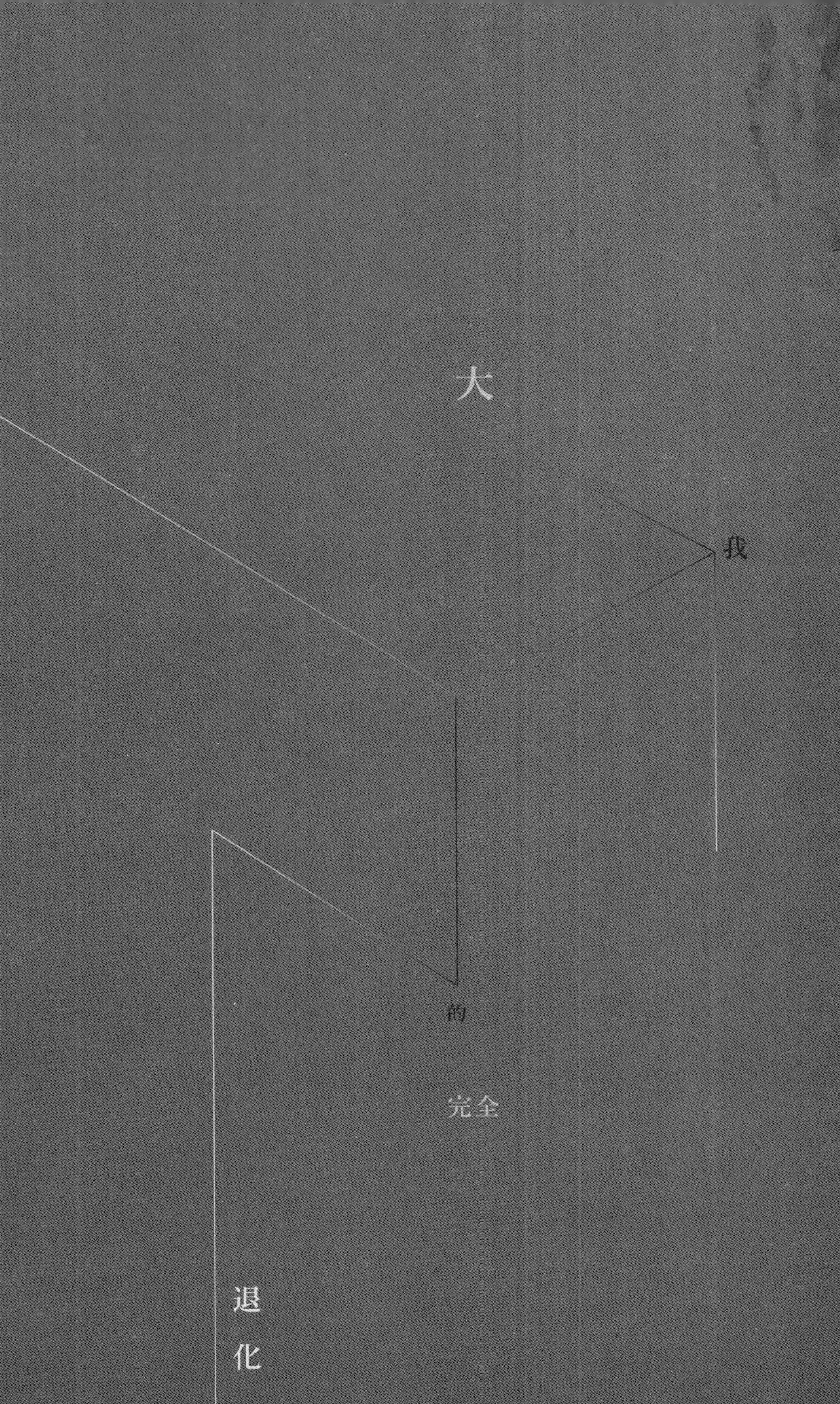

大我的完全退化

大我的完全退化

小我意识之所以会快速成长，除了借助科技的传播力，大我的完全退化也是一个重要的原因。

当我在台湾地区因为小确幸和酸葡萄而找不到对的人加入新阶段的公司时，曾经试着找凤归巢。那个时间离开橙果的人多数去了大陆。他们坚信，我的一切成就都归功于他们，所以，离开我之后，光是靠着一身实在的本领，就可以行遍大江南北，创造属于自己的宗派。其中有的自行创业，有的加入了客户的公司。

在这些人中，有一位产品设计师在公司任职时和我走得算近。她对于中国文化和商品结构的专精让我一直感到佩服。她离开橙果的原因是认为在这里已经没有用武之地。为了我好，帮我省成本，她决定去大陆闯闯看。再次见面，距离她离开已经一年有余。我面前站着一个我不认识的人。不管是举止还是状态，都不再是原先记忆中自信满满、自由自在的样子。

见面时刚好是公司最缺人的时候。寒暄之后我直接切入主题："你有没有兴趣回来？"她一点也不惊讶，仿佛这个主题才是她来见我的目的。“我是打算回台北，因为在上海已经没有东西可学，公司又慢得跟恐龙一样。”“但是，”她接着说，“我有条件。我在上海已经证明我有能力设计，有能力管控别的设计团队，用我的方式完成公司的利润目标。所以，我只会用橙果的名义接案，但不会向你报告案子的设计。反正我能确保公司的利润达标。”

我皱起了眉:“这我不能接受。公司有公司的规矩，现在已经不像以前。要在橙果做设计，首先要学会如何运用六芒星，然后必须要在台北接受近距离的观察和互动。等到有了默契，建立了战功，才会被外派。将在外就有了一定的决定权，所以不能随意任命。”

她的脸沉了下来:“但是你已经认识我了，也知道我的能力，默契也有……”

“所以，你只要学会六芒星，其他的就算从头来也会比其他人快很多。”

“我已经证明我可以一个人灌一条龙。”

“就算如此，橙果已经不一样了，还是要照规矩来。我必须对选择待在我旁边并相信我的人负责。”

“……”

“没关系，真的想要回来再来谈吧。”

这段对话，是我和这位前战友的最后一次交集。我不懂为什么有人会忘了处事的基本原则？自小被教育的“大我”观念就是在传达告知有什么事是可以做的，如何做才能体现对人的基本尊重。我为之奋斗十几年的公司，不应该随便让任何待过的人定义。只因为他们认为自己有价值，知道如何维护公司的基本利益，就能夜郎自大，要求以小我为重？这位设计师年纪也不小，幼时也经历过严格的礼义廉耻教育，本身对中国文化和历史也有一定的认识，为何在短短两年内，完全抛下这些做人的基本原则，只为让自己有不用负责的资源可以利用？我认知中的“大我”价值，是否已经消失？

我本来认为这只是一个单一个案，只是刚好有一个认识的人走到了这一条我不太认可的路上，或是因为她一个人在上海待了近两年，对于不同城市的不同价值观还未融会贯通。但同样的状况，又发生在一个刚进来的建筑师身上：2014 年底，我因为远东航空的案子（这个案子我只做了一个月就停止了和对方合作，因为对方的董事长不是一个我可以或愿意相信的人。为这种人打仗，违背了我对自己的要求），认识了一个蛮有想法的建筑师。这位建筑师没有名气，设计也过于概念化，但眼神中却有着不服输的小老虎气质。闲聊中我得知他刚开自己的事务所，没有什么案子，目前靠远航给的案子度日。可能是因为爱才，或是他的经历引发我的共鸣，我提出橙果可以买他公司一年的产能，但他要来橙果学习。如果配合得好，一年后我们再谈如何继续合作。

几经考虑，他同意了这一个条件，我们就开始了一起工作的日子。起步时，我感觉还不错，他也蛮用心地在学习他所不知道的商业设计和六芒星理论。也因为他加入，我刻意拿了几个建筑的案子。原本以为有建筑师加入，建筑案做起来会容易些，结果却是完全相反。一个案子一旦有他参与，就会变得很难收尾，甚至无疾而终。他答应要交图、做事，却永远只是空谈。六个月不到，良好的配合状态就转换为必须摊牌的状况。

我和他坐在会议室中，大眼瞪小眼。

“你来了之后，我每个月有没有付你薪水？每个月有没有付执行费用给你的公司？有没有教你一切你想要学的，财务，法律，管理，如何谈生意？有没有介绍我自己的线给你？有没有让你主导设计？”

“有。”

“那你现在的表现是怎么回事？为什么不能专心、好好地做事？”

“我还有之前自己接的案子要完成。”

“这个我从第一天就知道了，也认同做事要有头有尾，所以一周你有一天不需要进公司，可以好好地做你之前已经开始的事情。所以，这如何是理由？”

他无语。

“是成熟的人就勇敢把话讲清楚，不要说一套做一套。要不然就不要继续合作。”他依旧无语。

“你凭什么认为可以不负责任地接受别人的商业利益？你来这里已经半年了，却一件事也没做好。”

“我想我还是回我自己公司。我不信邪。”

“不信邪？”我纳闷。

“我不信我不能做得比你好。”

“我没有说过你做得不比我好。我还告诉过你，你比我聪明，一定会比我强。只说过你年纪也不小了，所以做事时要多想一点。”

“我无法接受任何人改我的设计。”

“我们做的设计应该是最适合客户的设计，可以创新，但不能够只是我们认为厉害就好。”

“我就是不能接受，所以才会选择自己开事务所。”

“但你的设计有时候只是概念、方案，无法实现。”

“我知道，但我就是不信邪。而且，我的客户就是我的客户。我无法和别人分享。”

“讲难听一点，你的客户我还不一定要。对我来说，都是些‘骗’的局面居多的烂客，你要给我我还不一定要。我在教你的，只是收益的步骤。”

“我就是无法接受。”

这次，换我无语。

“那就结束吧。后面我让公司其他人和你谈。”

那天我压住了自己的脾气，没有把会议桌翻到他脸上。怎么会有人认为鱼与熊掌兼得理所当然？他到底活在哪一个世界？明明自己公司已经没钱，却还买一双二十万新台币的限量球鞋。（可能是因为我买不下手，所以嫉妒。）明明公司已经没有案子，还不低头。在我的时代，公私必须分明。公司的钱是不可以私用的。主事者就是求也要求到案子，让员工的生计可以被照顾。面子又不能当饭吃，有什么好放不下的？

那次的会议也是我俩最后一次互动。之后他向右走，而我向左走。

这次经历也让我想起一些我刻意忘记的事情。

这不是第一次了。五年前是一个年轻的小伙子，以身体不适应台湾天气为由，越洋追爱。三年前是一个以为自己是金城武的胖子，讲得一口好话，却做出脚踏两条船的事。现在又是浩克[1]类型的建筑师。他们似乎完全没有受过任何与大我相关的教育。我并不是在推崇大我，也不认为凡事只要冠上大我的名号就可以要求其他人盲从。但了解如何尊重其他人，什么事应该做，什么事不该做，不是最基本的做人守则吗？自己可以有自己的规矩，有自己的世界，但当自己的规矩与世界上其他人的规矩冲突时，就需要考虑大我。就像开车时，路上只有一些平面的线而不是立体的墙，但大家却会遵守同样的游戏规则，尊重其他人对道路的使用权。而我说到的这几位老兄只强调小我的重要。这不是单一事件，在新世界的生活方式中，大我的价值正在面临退化的危险。

不停止、无止境的连接是新世界的一大特色。这个特色，源于网络成为生活中的自然。但在网络的世界中，人越来越不需要直接的互动。不认识的人也可以点个赞，推一下，说些批评，讲些闲话，反正没人认识，没人知道我是谁，没人需要负责。现实中的一切规定、规则在线上都不需要被遵守。只要乐意，任何人都可以有一个全新的线上身份，或是多个。任性一些，任何人都随时可以放弃原本的线上身份，再开一

1 浩克为美国漫威漫画旗下的超级英雄形象，变身后不受控制，时常造成毁灭性破坏，大陆一般译为“绿巨人”。

个或一系列的新身份。

这种没有规则的游戏让线上人之间的互动少了线下人之间存在的互相尊重。在线下，如果今天有人让你不高兴，在做出行动前，你会评估所有的事实：你是不是有理？有没有其他风险？现在的环境如何？对方的状况怎样？有没有其他的方式？这些问题的答案会适当地左右你最终决定要采取的行动。这些问题就是人在社会化时所被教育的大我价值。但在线上，没有人需要想这么多。反正他不认识我，就算我没有理又怎样？他又不知道我在哪儿、我是谁，能有什么风险？

线上的环境随时可以再塑造。对方是谁我不清楚，就不需要考虑他的状况。这种心态让线上变成了一个极肤浅、极直接、极暴力的地方。在新世界中，为了随时与重要的趋势、信息、游戏连接，根本不可能不重度地使用网络。用久了，自然会被网络的价值感染，自然会淡化线下所接收与使用的大我价值。在线下用线上的方式生活，等同让一群只有小学生自制力的成人，在城市中心随心所欲地玩射击游戏。他们不会介意旁人的眼光，不具有同理心，忘记了羞耻心，更不会有中长期目标，在意的只有：现在我想要做的事，马上就要做。

我的年纪刚好跨越新旧世界的交替。我玩过第一代的任天堂红白机，也用 iPad 玩现在的游戏。我在加拿大读中学的时候每周都会写信回台北，那时国际电话费仿若天价。现在我习惯用社交软件给朋友、家人、客户发信息，也收集了各种特别的表情。

我习惯看纸本书，却不排斥看电子版。我对这个新世界不陌生，但也不愿意抛弃旧世界。这种微妙的拉扯，正是我的许多创意的来源。但我对旧世界的大我价值却有一定的尊重。“做人要行得正”“要有同理心”这些从小听到大的家训一直被我收纳在核心思想之中。很多事我就是不愿意做。再沮丧、难过，有多少威逼、利诱，我依然只做令自己心安的事，而“心安”，来自从小被教育的“理得”。

我想，到现在自己还未严重地被新世界的价值影响，是因为我从来不放任何精力建立自己的社群。我的微博是 2015 年开的，每天我都会在上面放一则我喜欢的信息，不论是设计、诗词、音乐，还是自己的感触。我从来不管读者是否喜欢，也不在意粉丝有多少。我没有脸书，也没有推特或 Instagram 账号。

本质上，我已经享受了社会过度的注意，所以任何可以让自己被陌生人轻易关注的平台我都不愿意花时间经营。就连打线上游戏，我也是一个人，不加入公会，不组团体。这种反线上社会的行为让我完整地保有旧世界的老套。我相信人要见面才能够了解彼此。我觉得义气远比利益重要。我认为朋友不需要常见面，只要在需要时出现就好。我相信手感才能传递心意。我相信许多已经过时的“老”习惯。也因为自己是一名父亲，我对于这一些价值该如何传承、是否需要传承，做了很多思考。当我和我的邻居，一位六十多岁的伟大创意者聊这个议题时，他点出：**“现在这个时代，快比正确重要。以前，正确比快重要。”如何拿捏这两者间的平衡，就是在定义小我和大我的关系。**

在做设计时，我常告诫同仁：兵贵神速。我们是佣兵，我们有很高的价值，是因为我们兼具技术和速度。实战经验和六芒星都是在巩固这两个特质。这两只脚加上胆大心细的两只手，就是橙果被市场注意、被客户指定的原因。同样的道理，在新的线上世界中，几乎所有的小我都是希望得到注意的无名氏，所以他们会用尽一切方式，缩短成名的时间，且让成名的过程变得更有震撼力。对他们而言，想要在短时间内赢得过去要花十年苦工才可以赢得的台上一分钟，就必须舍弃一切枷锁。最高的原则变成：只要能够被注意，没有什么是不能做的。就算现在不敢做，看到线上越来越多人做，自然就说服自己“这没有什么”，因此一次又一次地跨过伦理道德的底线，最终遗忘所有与大我相关的教诲。目前看来，这种现象只会越来越普遍，这也让活到现在的我非常困惑。“在新世界中，经验和价值无法被复制和传承，能够做的就只有承接技巧。但光有技巧无法活出生命的光辉，而一旦没有光辉，做出来的任何事物都只会是平庸之作。”如同以往，当自己的智慧不足时，我就会和各种不同的人聊天。而这次，我从一位目前我还扶不起的阿斗身上找到了我要的答案。

这位仁兄是广州人。我和他之所以认识，源于家人的介绍。当时，他想要做一款酒的设计。找遍世界，试过多家公司，却一直没有看到他想要的设计。因为这个理由，我们的生命开始有了交集。当我和他的客户，一家酒厂的负责人见面后，我明确地跟他说，这对姐弟只想好好地放纵自己的生命，他们并不想做事，也没有权力做事，所以我设计完酒瓶就要抽身。而对他，我的建议是不要小孩开大车，以他目前的能力，完全无法胜任品牌和业务负责人的角色。后来我安全下庄，他却还在里面。只因这些人都是他的朋友，都是从小长大可以信任的人。

2015 年夏天，他突然在微信上联系我，告诉我他的团队突然遭到解散。他也不知道为什么，但是他的客户，从小玩到大的朋友，决定回归最传统的方式，开一家专卖店，然后靠父亲的关系卖酒。他想找他们聊，但发现他们已经举家搬到国外去了。这个消息没有让我惊讶，之前我就已经看到蛛丝马迹，只是入局者不愿意承认。我多管闲事地对他说："把心整理一下。如果你愿意放下一切，我可以给你机会，让你好好地学习如何专业地使用创意。你才二十八岁，日子还久。"他回复："我准备好了。现在就只剩一个长辈要我做的餐厅。我一下子就可以放下的。"

此后的一个月，我关注他的微信动向，发现他的心不但是乱的，而且变得非常浮躁。不是在朋友圈放自己和女人的照片，就是玩相机，还把自己的儿子也当成素材。我不断地提醒他，玩物会丧志，要学会和自己对话，不要急着把自己现有的一切摊开给所有人看以博得同情。但他回我："我还年轻，我还看不懂。反正赚钱很容易，学会做有用的创意却很难，那就先赚钱。你也年轻过，给我时间。"

他讲得一点都没错，因为他还年轻，他还有时间。他失去了一些朋友，但是依然有社群，所以我的忠言不但逆耳，还是废话。最后我回他："你好好用心赚钱先吧。"就算我愿意，我也无法控制我以外的人，因每一个人都有自己的人生经历和坚持。我的大师邻居几年前就要我面对这样的事实：

“我们是独特且非常独特的存在，不能复制。你就当你公司的人来人往是你在做社会服务，反正到最后都还是只能靠你自己，客户也只会认你。不要想复制自己，这是不可能的。”

设计，就是人生经验、体验集结后的总结。这是设计的价值，也是设计的独特之处。在大我退化的时代，利用这些独特的小我特质，反而能够吸引市场和客户购买。而我，因为背景、因为创业一路上的过程、因为长相、因为战功，要做到的除了为客户解决别人解决不了的问题，还要让我的客户有炫耀的机会。

毕竟，炫耀是小我时代最直接的镁光灯。

事实：权 利

名

事实：权利名

生下来我就是一个少爷。不论之后人生如何上下转弯，少爷的气息还是一直跟着我。不知道为什么，我就是可以想出与别人不同的做事方法，还可以编造出歪理让明明不合理的做法显得合理。

首先，我的上班时间是天下皆知的怪。说长不长，说短也不短，但就是怪。正常公司八点钟一般还未开门，我却已经开工。而在下午一点钟，当他们热好引擎准备开打，我却下班。八点到一点之间是我唯一的开会时间，过了这个时间段就用信件和电话对谈。我对外讲是做事应该要有效率，我的五个小时可以完成一般人十五个小时的工作量，但实际上我只是单纯不想长时间与人相处。人群会让我烦躁。在寒暑假，我改为下午一点到四点半上班，因为早上要和小孩子一起运动。

是陪小孩子运动让我放松还是单纯因为运动，我无法清楚界定，但我就是定出了这个规矩。更不用说我对出差的要求：没有清楚的目的，不出差；没有排出清楚的行程，不出差；最多只在外地待两天一夜；行程一个月以前就要让我确认。这些是只有自己做老板才能享有的特权，要让客户接受

（一般都是勉强接受）这些也须得本人有一定的利用价值，但我刚好有这两套筹码。因为我的这些习惯，在大陆能见到我本人是一件值得稍微炫耀的事。在台湾地区（台北除外）见到我本人，也是一件有点难、有点值得炫耀的事。

公子气也让我的脾气有点难搞。因自小见惯世面，我对人与事都有点天不怕地不怕。几乎白手起家，成就对我而言也可有可无。自小成名，名声也不为我所重视。这些平常人在乎的东西，于我可有可无，所以脾气自然有点大。所有和我接触过的人都知道，我做事对人不对事。人对，再难的事都可以做。人不对，再简单的事我也不愿意做。这可能与父亲一直告诫我“简单的事一定会变复杂，复杂的事一定会变成无解”有一定的关系。所有与我谈过价的人都知道，我只有两个价：贵和免费。对不认识的人，一定要贵，因为我也在赌我的信用，做不好，橙果受到的伤害不会比委托方少。

对缺钱的朋友，我一定是免费。我求的，只是一杯咖啡配上一段闲聊。怪规矩和坏脾气让我的朋友不多，却让我的客户随时都有能够向别人炫耀的话题：“我今天下午见到他。”这暗示我愿意为这个人打破我的规矩。“我和他吃了顿晚饭。”这表示我重视这个人，愿意花我私人的时间和他交流。“我知道他夏天是上下午班。”这表示他与我合作有一阵子了。

原本我对自己立的怪规矩有些许的内疚，这让客户在使用我时有一定的不便，也让公司脸上有一定的难堪。但在想通我负有让客户炫耀的责任后，我心里有了些许的释怀。人会被全新、没见过、没想过、没听过的事物、价值、逻辑吸引，因为没体验过，反而会在记忆中形成特别深的印象。这个印象就会成为社交时凸显自己不同的装饰。

以台湾地区百货公司的促销方式为例：经济疲软促使台湾地区的百货业制造了各种“庆”。最早是年终庆，后来加入了年中庆，母亲节、父亲节、圣诞节也一个个变成庆祝的对象。最后，“季”也出现了：学生季、生鲜季……各种各样的季。促销时的福袋也越来越大，本来只是送自家百货公司的商品，现在连车，马上连房子，都可以抽到。

面对这一系列的“不新”和几乎持续一整年的促销（这个概念我完全反对。如果要这样做，直接开大卖场或平价商店就好了），市场已经无动于衷。百货公司里的商家因此想出了一套满足消费者炫耀心理的卖法。这套卖法在化妆品专区非常容易见到。导购这样对顾客说：“这位小姐，我们的特价品有三类。最顶级的要六万元，第二级的要三万元，最普通的要一万元。我觉得小姐你的气质适合最高等级的，但也看得出来其实你是非常善良的一个人，不想给家里造成太大压力。那你要不要考虑1万元的产品？不过好可惜，六万元的这一组真的很适合你。”

这种卖法，消费者会因为卖方体谅自己而开心，却也不愿意承认自己只能买一万元的商品，多数会买三万元的那一组。这样一来，她们不但可以炫耀自己新买的保养品有多好，顺便还可以告诉大家自己多么有同理心、多么为家里打算，没有买最贵的那一组。这种简单的炫耀，就已经能够让接受“不新”事实的消费者有消费的理由，更何况是我这种本来就不多的“新”。某种程度上，我在提供的，是客户对于“名”的渴望。

在微博上，很多读者留言问我：“明明可以靠脸吃饭，为何还要出来搞设计?”这与我的理念和信念有关。如果只卖怪和外表，我只会是一个二流的明星，会有很明显的名模效应，身价时高时低，一不注意就在众人的视线中消失，这不是我想要的。

比别人幸运的是，我生在名人世家，而且是主支，不是旁支或偏支。一出生，我就有名人的身份，如同英国的皇储

（虽然拿此比喻非常不恰当，我和他们的等级差了许多。但为了直接类比的效果，只好厚着脸皮请他们大人大量），从生到死，注定会有一定的支持者和拥护者。加上自小我就尝过落寞的苦辣，所以在自己能主导和控制的范围内，我追求绝对的实力，追求兼具软实力和硬实力的绝对强。

这个欲望在我有小孩前，只是王子复仇式的另类表现。在我有了小孩后，却转变成了一个强烈使命，让我愿意放弃自己的快乐，去独孤求败。对此，我有极度的偏执和自虐倾向。只要是自己可以控制的时间，我都会要求自己专心，全心全意地专注。不论是学习，还是解决问题，或是发想创意，都让自己的世界在当下只有这一件事。这个感觉有一点像坐禅，让自己有分量地存在多个世界中。这种觉悟让我有了变强的基础。

不服输的个性，加上喜欢挑战，让我不断练习变强。一个跟了我四年的设计师，前两年一直在问我："我身边所有的人，不论是之前的老师、同学，还是现在做设计的朋友，每一个都说橙果不专业。他们问我在这里有什么代表作？我想破头都没有。我做了很多设计，上市的却很少。连我都觉得自己不专业。这怎么办？公司追求的到底是什么？"

连续两年，我都给他一样的答案："如果我们不专业，客户会委托这么大、这么重要的案子给我们吗？有多少客户是年复一年地与我们合作？你觉得他们没用过所谓的专业公司吗？全世界最顶尖的公司他们都用过了，为什么还要找我们？我们的收费也不低，你觉得他们是白痴吗？在外面的人不懂我们在做什么，你要对自己有多一点信心。"

两年来，我让他负责大型的品牌案，让他有机会亲身与国际设计公司（而且已经在国外上市）合作。合作下来，他也体会到，老外（所谓的"国际"）的设计一点都不专业，都是在拿客户的钱，玩自己想玩的。所谓的专业，是在自己的位子上，为客户做正确的事。很多时候，还要为客户挡流弹、暗杀弹、炸弹……

在写这本书的时候，他与我分享了现在他眼中的橙果："外面的人真的不懂我们，只会批评我们不专业，却不知道我们包山包海，还要包生小孩。"这种实力就是我所追求的。只要我愿意，没有我做不到的。

2015 年，有一家在 2013 年以前合作过的饮品公司再次上门。他们委托橙果设计一款水瓶。他们知道我的费用是台湾地区设计公司的三倍以上，也知道我只会提三个概念给他选，还知道目前公司比较忙，没有办法很快交设计，但还是想要我们做。我请我的特助去问清楚，到底为什么在这么多的不平等条约下，他们还是坚持要我们设计。不知道真实的理由，我无法决定要不要接这一单。

结果，答案非常简单。他们一直合作的设计公司已经提了四十多款设计，却没有一款呈现出他们要的感觉。上市在即，我们之前为他们做的水瓶到目前都还是经典，所以找我们救火。三周后，设计师去做第一次概念提案，三款提案中，客户选了一款以埃及植物压花为概念的设计。这就是我所要求的强。我要做的不是画图、交图，而是提供给客户我认为最适当的设计。我可能有一百张草图，却只会从中间选出三张我认为是最适当的。设计者不是工厂，不应以量取胜。客户付钱买的是专业的决定，而不是更多的选择。有实力做出这种选择，敢为自己的选择负责，就是我要的强。

另一种强，一样需要决心、勇气、毅力，却在呈现上比较肤浅——“身体的强”。2010 年的某一天，我在一个摄影家朋友的办公室中，看到了许多打赤膊的男明星照片，每一位都有着洗衣板般的腹肌和盔甲般的手臂。我虽有健身的习惯，却从来没有达到这种境界。我不禁问他：“他们真的都长这样？”他回：“打光加上修片，每一个都可以长这样。”身为男人，我无法接受，要用“骗”来掩饰自己的不足。

从那天开始，我积极地健身，而健身（不是去健身房滑手机、和朋友闲聊的运动方式）让我自己开始与身体对话。血管变粗，让我的血氧浓度增加，更容易专注。不断突破身体的极限，让我在面对问题时的抗压性和耐性变好。因为有混血基因，身上该出现的块状体也一个个浮现。现在，我不需要打光或修片，就可以有不错的光影效果。当客户问我为什么要练得这么夸张时，我通常会回答：“当有时候钱收不到、架吵不赢时，就需要回归最原始的方式：比谁的肌肉大。”

这种肤浅的强，也让我比别人多一个炫耀的机会。软性的强加上硬性的强，让我可以不只是明星、名人，也有机会成为名流。我的规矩、我的方法、我的强可以令客户获利，这就已经超越一般的供需条件。有实力和能力建构自己身处的环境时，名流的气象自然形成。明星是暂时性的，名人是地标性的，名流却是灯塔性的。除了提供炫耀的光环，名流可以同时为人指引方向，体现创意的真实价值。正因如此，后来我提醒那位快找到自我的设计师：“你在做的设计不只是单纯的商业设计，还是未来的设计。虽然我要求我们的设计现在就可以量产，但随着科技的进步，量产的条件其实一直在变。我们需要有能力——而这一定是经验所带来的直觉能力——现在就做出三年后才会盛行的设计。客户形态已经改变，我们将不再做‘短单’，而要开始用不同的时间轴来检视一切。”让橙果成为“名流”，也是在回应我对强的追寻。

要把我个人所追求的强完全转嫁到开了十四年的公司上非常困难。过去，我一直努力地让面子和光环落在其他同仁身上，却无法如愿。一直想要橙果成为一个独立的生命体，却无法实现。至今，橙果还是我的夹克。没有我，就不会有橙果。

强这种特质似乎是个人的，认同感也有所针对，不会以公司或是团体的方式被继承。这好像一个功夫派别，江湖上都知道少林，但却不会因为认同某一代方丈而向往少林。这位方丈的修为，也只有部分会传给他所认可的徒弟。一代宗师黄飞鸿、中华英雄李小龙、新时代强者叶问都是个人，而非团体。这些年我所累积的，都只是自己的进步。我所累积的权，也都只卖我个人的面子。橙果现在有九成的线和关系，都是我自己一手打下的，这些线和关系并没有其他人可以继承，这让我感到非常骄傲。这个让我困惑这么久的问题，其实在父亲过世后，答案就清楚地摆在我的面前：人在人情在，人不在一切重谈。

这就是当时最深刻的体验。同样地，我现在享有的权，也只会在我身上发挥作用。当我不在的时候，家人或是公司并没有机会延续使用。难怪不论多用力推、多努力改变，橙果就是无法自行站立。这个事实带出了一个有趣的问题：当我经营的是一个无法永续经营的品牌时，该如何结束这个品牌？我想这是领导者最重要的课题。

权与我密不可分，只要把我剔除，橙果自然结束。但在这之前，我必须确定现在的战友可以充分、极致地利用我的价值。我写出六芒星，让他们可以一窥我脑内逻辑的运作方式。我带他们做复杂的案子，让他们可以近距离观察创意经由不同的操作会有什么不同的结果。我让公司的运营资金充足，让他们有足够多的时间找到自己的方向。我增加自己的不稳定性，让他们养成质疑我的决定的适当性的习惯。在我看来，让团队做好准备，面对有一天我将不在的事实，是一项不能停止的工作。（他们也知道我不在会很不一样，所以会用尽各种理由说服我继续工作。）

权如果无法传承，就必须被重建。在 2012 年，我与当时的团队说："五到七年后，我会退出橙果的台面，公司给你们，我做大股东就好。"当时我对团队有信心，以为放手的时间快到了。谁知道世界一变，橙果一跃，团队就散了。

2014 年底，我对新的团队说："五年后，公司就是你们的。我只要占 50% 的股份做大股东，但有任何事或案子，你们都可以叫我出面。"那次，我本来打算先发一些股份给他们，却被他们弄得无疾而终。所以我开始对每个来面试的人说："我现在找的是愿意在未来接下橙果的人，所以心比技巧重要。心不对，你至多只是一个领高薪的工具。"

每个面试者听到这段话，都会兴致勃勃。但当进来后实际接触到我们的案子和做案子的方式，没有一个人愿意挂上"我是领导"的铃铛。经过多次的转变，橙果还是一家有名、可以提供利、有权，却无法复制、无法传承的说不上来在做什么的创意公司。对于我们，最好的形容还是"缺失英雄的乐园"。

我由此想，是不是在旧经济结构崩盘、所有结构体都微型化的情况下，弃旧扬新就成为新的既定常态。长存不再是目标，混种变异才是王道。

在华人高峰会中，我和姚仁禄以"混种才是品牌王道"为题做了一场十八分钟的演讲。演讲的概念其实不新，只是在分享一个事实：单一功能物种不再有称王的空间，所有的人、事、物都要变成不同的"混和"。从事传统行业的父母可能不会讲英文，也不喜欢美国，却会把小孩送出国读书。回国后，又让他们在自己家的公司从基层做起、学习。这个希望他们能“始于中，形于外”的举动，就是在培养“混种”。旅馆和家的结合、出租车和自用车的结合、时间和货币的结合，都在生产不同混种。这些混种可能不能繁衍，就像是马和驴所生出来的骡。

它兼具马的速度和驴的耐力，但是无法生育。这些混种的功能，在于在世界中创造出一些不可能，挑战既定的惯性。敢做这些事的人，就是所谓的神人。姚仁禄在总结时用了一个贴切的比喻:“从诸侯成为神人所需要的勇气，就像是空中飞人在空中放掉手中的旧秋千，跃出而捉住新秋千的那种感觉。你永远不知道会不会掉下去、会不会成功，但你选择相信会成功，因而放手。”既然橙果在我手上无法永续，我只要有勇气在适当的时候放手，自然会有下一个章节的展出。

图片出处 /2016 年第 14 届华人领袖远见高峰会。（摄影 / 张智杰）

出名容易：会搞怪，先天条件不错，谁都有可能昙花一现；**得利靠实力**：只要投入努力，不断坚持，自然会有市场愿意付费换取你的利用价值；**使权因魅力**：让自己有吸引力，让别人愿意靠近你被你利用，就是最简单的权力取得法。

这三点中的每一个都是一种“混种”。每一个都只是专注现在，似乎连想要延续的想法都是多余的。翻着电脑档案，找出了我为《第十九层地狱》（我的上一本书）所写的歌词，刚好可以呼应现在的情境：

乱世出英雄

没有多想，只是在做自己的事。
没有多享，只是在演自己的戏。
没人能懂，没人想懂，没人要懂：
人生，是为了自己，而不是别人。
过去很累，因为只有自己一人。
过去有泪，因为只有孤独一人。
过去很好，过去不好，过去就好：
过去，是为了未来，而不是回首。

重要的是，别人永远看不懂。
自己的事，别人永远不需要懂。
万丈高楼平地起，乱世英雄平凡启。

有了自己，乱世就只是过程。
能做自己，乱世就只是试炼。
相信自己，乱世就只是养分。
乱世，给的是机会，而不是心晦。

过去给了我现在，
现在成就我未来。

未来，势必还有乱世。

乱世，势必会出英雄。

对于权、利、名我想多了，想复杂了。

做好自己，认识自己，让自己进步，才是重要的务实。

在写《第十九层地狱》时，在写每一本书时，我都想把橙果作为一个主体来向市场解释或交代，或做单独的独白：到底我与这一些战友们，不论是现行者，还是已成过客的那些，为橙果这个品牌做了些什么？所以，在《第十九层地狱》中，我给了自己一条清楚的界线：那就是在四十岁前，不再写任何有关自己的书。因为我还不够成熟，还不够有价值。买我书的人，多数都是因为好奇，少数才是因为想要了解我的想法。这就像橙果的客群一样，多数只是来探探路。

客户想试试有没有机会用较低的价钱让橙果为他们服务（通常合乎台湾地区和大陆市场的标准。但这个标准，都是跑单帮的人在求生存时所抛出来的破盘价）。多数有这种心态的客户，都不是好的卖命对象，因为他们内心其实不认同创意的价值。

真的做得不错的公司，一定有相当的成本预算。创意靠脑，脑长在人身上。人事的开销在橙果随时都占 60% ~ 70% 的比重。软件以及其他执行创意时需要的工具也不会便宜。更何况橙果，因为它的独特性（这是好听的讲法），是没有享受过台湾地区政府任何补助和优惠的（讲难听一点，我没加入台湾地区创意中心，也不按照设计界的常规走，更不与台湾地区的设计头头们交流，所以好事绝对没我的份）。

事实是，连有些科技公司都会派他们的设计人员加入台湾地区创意中心，因为在最坏的时候，赔得最惨、胡乱浪费大众和银行的资金时，还能从台湾地区创意中心拿每年一千万新台币的补助，只因为他们有设计部。

因此，每一天橙果的基本开销就是一个铂金包。在这种成本架构下，橙果的价格是无法下降的。而且，拿多少钱办多少事是我做事的原则（成为朋友的话就不一定）。有些公关公司总想方设法诱拐我出席活动，但这越来越难，因为我已经不缺钱，更不需要靠卖脸赚钱支撑设计。

之前做了一个国际 A 级的意大利精品。但他们的工匠，我觉得看不起东方的设计，在实现设计时做得非常普通，所以我连出来谈这个案子都拒绝。还有一些竞争对手想要索取橙果的报价方式、服务流程、公司结构等一切可以让他们直接剪切、复制的文件。

这些人对橙果有一定的误解。因为他们不懂橙果到底能做什么、在做什么，所以认为有便宜占，所以以为橙果可以被复制。实际情况是，当你越了解橙果，你越不知道要如何形容它。它什么都可以做，也什么都不能做。它的系统可以被简单复制，操作手法却具有非常强的针对性。

市场上有五十到一百个“橙果过客”在自己开设计公司，或是在别的创意公司服务，其中却没有任何一个人或任何一家公司可以取代橙果或挑战橙果的地位。摊开来说，其实就是因为我的方法只有在我身上适用。对其他人来说，就算完全了解也不会有使用这套方法的勇气和气魄。我的战友形容这是一种“战中学”的特质。所以我将试着**用我的认知和观点，分析三个橙果的案例，来试着解释，2003 年至今我们到底盖出了什么样的灯塔**（因为与所有客户都签了所谓的互敬条款，如果谈及客户公司的名称或过于具体的执行内容，就需要经过他们的书面同意。这对我来说有点复杂与麻烦。因为我记忆深刻的案子都有其困难的地方，过程也多血腥崎岖，而有一些客户也已经不联络了。所以，我在谈案例时：1. 不会带入客户的名字；2. 不会有准确的发生地点。我只会谈我如何起，我定义出来的承，中间是否有转，以及最后的合）。

Khan and Mini : forest across east London
Stefano Boeri : vertical forest (miami)
Sjöberg : Venice Biennale
re : amplify sounds of Estonian forest
to create sound into brand.
light : COS installation Milan.
nshi Nakamura

Ex:

过去

Ex：过去

七年前，一个台湾地区电子业的大佬约我去他位于土城的办公室。我与这个人完全没有接触过，甚至不知道有这一家公司，更不知道这家公司到底在做什么。办公室的外观也很普通，用的是台湾地区惯用的土色瓷砖。我坐在他的会客室等他时，凭直觉认为这家公司是工厂背景出身。从室内装潢可以想象出，这位大佬的品位还停留在二十年前的高贵奢华风之中。黑色的长毛地毯，深木色的家具，褐色的玻璃屏风，所有能绲边的地方都出现金色的条纹。这种装饰风格我在离开纽约后，还真的没有再见过（我在纽约的时候，在一位七十岁的意大利建筑商的家中看过这一种装潢风格。脑海中浮现的客户形象是老派的意大利黑手党成员，穿着双排扣西装，有一点肚子，个头不高，梳着油头）。

等了十五分钟，出现在我面前的是一位人高马大、短发、蓝色牛仔裤配白色 polo 衫的亲和中年男子。“对不起，让你久等了。”“幸会！没有关系。”我们时间都不多，也不熟，所以就直接切入正题，亦即他找我的目的。

“是这样的，我投了一家公司，买了一些资产，想要请人规划。我觉得有点难处理，而且我公司也没有营销或设计人员。问了一些朋友，他们都推荐你。所以想看看你有没有意愿合作?”听到这，我心里大声地喊:“简单的事都不会到我家。为什么?!”但我还是回答:“只要有战场，我都有兴趣。你想我做的，是哪一个资产?”

那一块地我非常熟悉，是一个旧的电影布景城。小时候我去过，记忆中与父母亲还不止一次造访。那里有老房子，青石地砖，还可以吃冰激凌。不过那真的是小时候的回忆，从国外回来后我就没有再注意到那个地方。平常经过时，只觉得它已经被历史淘汰。

做品牌地产这种项目时，需要投入的精气神远比做一般的品牌项目多。因为投资的数额不会小，资方会想要在一定的期限内收回一定比例的成本，但法规和红线又有许多限制。而每块地都有它自己的生命，要顺着生命动，让品牌自然长出，不能妄自抹平一切重来。这等于是在绑手绑脚的情况下变魔术，而且表演的还不是逃脱术，是从帽子里拉出老虎。

“我想先了解你有什么期望。如果我听得懂，也感觉得到，我就打这一场仗。”

“我要的其实很简单，就是把它做成一个旅游景点、一个文化品牌。”

“你不回收吗？不做商业房地产或是住宅？”

“这块地的地目是文化特区，所以暂不考虑。”

当时我还太年轻，涉世不深。现在我如果听到这个答案，会明白业主最后想要的，其实是变更地目，做房地产的生意。

“听懂，我想一下，也去看一下，如果直觉对，我就接这个案子。”

“没问题，我请我的特助安排。”

一周后，我去了这个很久没去的布景城。记忆中的味道依然存在，但景象比想象中还更破旧，即使在夏天的艳阳下，它看起来也更像废墟鬼城而非观光景点。

蹲在广场的中央，我从汗水和睫毛的缝隙中看到了一些景象：古城墙的护城河里增添了喷泉，旧的片场变成了餐厅，还有一些新形态的建筑。我还看到了人来人往的繁荣景象。虽然看到了，我心里却清楚知道，一切不会如此简单，而将非常复杂。所有的规划都将因地目的限制而遭遇不断地调整。但是，我是真的看到我可以使力的地方，所以，我就用力地试做这一个案子。

调出了基地数据和它的分区后，我发现事情比想象中还要难搞。这块地有一半以上是不能盖任何建筑的河堤用地。这表示，如果拆除之前盖的、现在变成废墟的老布景，就不能再新建。但要在不动到屋顶的前提下修复，其费用要比盖一栋仿古的新建筑高很多。而可以打掉重建的另一半地，有一半以上是使用中的办公室，所以也不能动。

在有限的预算中变魔术，还要让业主和政府都看得懂这个魔术，才能开始建，才能过三关拿到使用执照，才能让这块地活起来。

六芒星

当时，六芒星还不是很完整。我只有六角，没有六柱。不过，如果是自己掌控案子，六角也已经够用了。所有的连接都在我的脑中，执行也掌控在我手中，只要适时把角和角牵在一起，就不会跑掉太多。

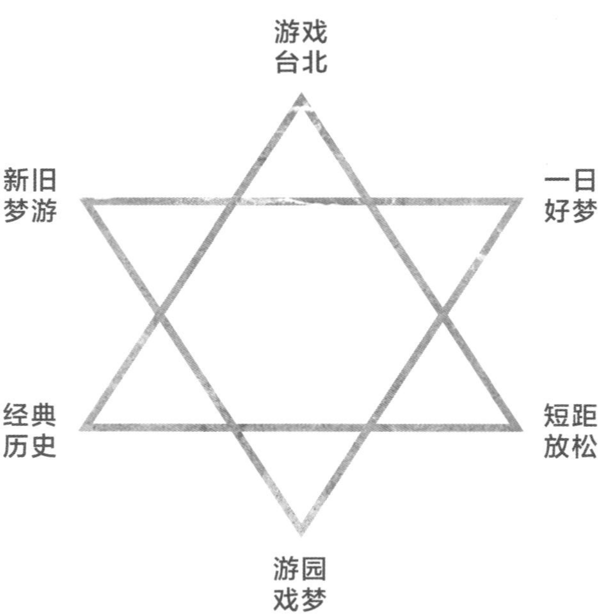

这一颗星的组成如下：

● **心态价值：游戏台北**（想要在台北游玩和体验过去拍戏演戏的场景）

● **客户供给：经典历史**（这一块地有其独特性，要找到一块类似的几乎不可能）

● **市场需求：短距放松**（在台北，几乎没有地方可以放松。要离开台北才有好玩漂亮的休闲场所。在市内找到优质的旅游地点，是大家一直追求却找不到实现方式的梦想）

● **感染点：游园戏梦**（以游园的感觉，把古代的戏剧、现在的表演和未来的娱乐结合成一个梦）

● **沟通点：一日好梦**（一天的时间，就可以得到一个让你放松的梦）

● **连接点：新旧梦游**（用新表现熟悉的旧，颠覆旧而让新出现。把梦中才有的非现实变成可以体验的现实）

由这些点架构出来的品牌故事，有一种唯美但具有娱乐感的氛围。

“如何**游戏台北**？这个陆客急着要探访、台湾人急着要推广的城市，已经很久没有属于自己的新意。似乎，借由**新旧梦游**的手法，可以在一个具**经典历史**的地目上，做出**游园戏**

梦的旅游体验。**短距放松**是台北人一直渴望却无法实现的愿望。提供**一日好梦**给台北人，给游客，给政府，让大家有一个可以放松的地方和自傲的景点，就是我们的目的。”

在这个情境和剧本下，我开始了我的规划。为了避免不必要的问题，我把所有的设计分为两大类：1. 旧建筑的维新：以较低的成本提升空间舒适感与赋予室内空间特点，而室内空间的特点尽可能通过家具或装置艺术呈现。2. 旧建筑的翻新：投入较高的成本，创造出各种照相点和逗留点。用现代感强的设计方式，在旧建筑中创造突兀点。利用景观、铺面和花草的联结营造整体感。

在初步概念得到业主的确认后，我开始收集所需要的资源，并将概念细化成可以执行落地的具体方案。在这个项目中，我会需要用到很多室内设计，但七年前的橙果并没有在公司内配置室内设计人员。因为，在自己还没有站稳的时候，室内设计会与施工装潢绑在一起，而一旦涉及装潢，施工队管理的问题、业主刁难拖欠尾款的问题、后续维修的问题会轮番出现，让室内设计无法好好进行。即便有机会好好设计，最后也赚不到钱。

在评估后我推导出，做这个案子的室内，我必须同时找三到四家室内设计公司来承包设计，最后再由我做整合。想来，这是橙果第一次真正往创意整合这个专业发展，但站在客户的立场上，它也第一次看到不合理的设计对客户产生的影响，以及在什么情况下客户会有超出预期的反应。换了双鞋，戴上甲方的眼镜，我开始了解原来设计是这么麻烦的一件事。

我约了三家室内设计公司去现场，客户也同意了八位数的内装设计预算（就是旧建筑体的室内维新）。这个预算是由每一建坪[1]五万的估值反推出来的。当时——其实现在也一样——五万的装修预算，已经可以做到普通“诚品”店面的质感。我本来以为这对室内设计公司是一个很优渥的条件，既有机会赚钱，亦能够参与一个知名地目的设计，在探勘完现场后，我却得到完全相反的回应。一家直接拒绝，因为觉得太复杂了。一家觉得预算不够，要到九位数才肯做。最后一家连回应都没有，离开后就自动断了联络。我不死心，又再找回那两家有回应的公司，问他们为什么没有兴趣，两边给我的回答都一样：

“要我做，我就要主导设计。而且，预算一定要加。”

“但我们已经规划好整体的情境和定位。只要满足这个主

1 指建筑物占地面积的坪数。

题，你是可以有所发挥的。预算上，也已经给了市场行情的中上价位。这块地还有其他项目要进行，预算的配比是遵照一定的比例定的。”

“我的习惯是如果不是我主导我就不做。而且，如果要做，就要做到最好。”

撇开谁来主导不谈，什么叫做到最好？最好在不同状况下有不一样的标准。业主不是银行，会有一定的预算承受值。不能够觉得业主有钱，就要拿人家的钱，做出自己认为的最好。所听到的这些答复让我不解，也让我死心。如果不能将设计和施工一起外包，那我就将设计单独拆出来。

室内设计费很好算，每一台坪用三千到五千新台币就可以找到不错的设计公司。反正整体规划和掌控由我负责，我另外需要的不是大脑，而是小脑。这块地整体的面积也大，找一家或两家三到七人的室内设计公司，提供的预算够他们吃也够他们玩的。

结果，却还是一样。好像只要有任何风声被放到市场上，市场上所有的设计公司就会联合起来，提一样的要求。

“你们正常的设计费不就是四千新台币一台坪？我现在给

你五千一台坪，等于是保证你 25% 的利润。一个室内设计案通常有 15% 的利润就算不错了。”

“那是我们之前的价格，现在我们的费用是八千新台币一台坪。”

“这个费用，我可以去找已经成名的大师了。”

我深刻地体验到，在设计这个行业碰到问题时，还是比谁的肌肉大、谁的关系铁。所以我回头请我的大师朋友介绍，而大师的名片真的好用，一通电话，就解决了找不到配合的室内设计公司的问题。

有了设计方案，接下来就是一系列的务实操作。我请建筑师找结构技师和各种工种，一栋栋地检查原来的建筑，列出所有的问题，讨论可能的解决方案，再列出预算，讨论有没有更好的方法。

设计，可以坐在空调房中，听着音乐喝着红酒进行，但我却选择尽可能待在现场，因为随时都会有新的问题、新的方案、新的人出现。我把这个过程当作补习，也从中学会了很多“设计”不会教的事。

两个月后，旧建筑维新部分有了一份完整的企划书。与之平行，我们也在公司内部做新建筑的设计。这是一件有趣却充满挫折的事。有趣在于，建筑是会存在二十到五十年的设计，它可以定义人和空间的互动方式，以及人和人的相处方式。挫折的是，它与任何设计都一样，需要合理化以至于可以被实现，而因为它的形体巨大，可能的合理做法可能会让预算变得很高。遇到这种状况，我就必须舍弃那个方案，回到原点再想一次。

在做新建筑的设计时，我需要考虑这些：人流需要被引至所有区块；每七分钟的路程需要一个吸引他们目光的对象；这个对象的设计又要结合功能性和园区的品牌调性……一边做，一边听设计师（那时还有很多老外设计师在橙果）跟我争执：

“我是建筑师，我知道建筑语言。”

“但这个台湾地区法规不会过。”

“这个盖好会很美。”

“我知道，但是我们有预算考虑。”

每天，就是拉扯。扯到最后，我也只能清楚地告诉他们：

“公司是我在负责。这个案子也是。如果你要坚持，你这么有自信，那你来负责。要不然，就听我的。”

在工地的时候是太阳热，回公司的时候是心头火。在两头烧的状况下，我终于做出了一份完整的企划书。整体的预算控制在业主给的八位数字，项目包括四栋新建筑、两栋新旧融合、一个旧翻新的广场和整区的布景楼维新。每一个空间都有其功能和意义，没有多余的设计，钱也都花在刀刃上。提案时，客户不断地点头。我心想，总算没白累。

“这份计划书很好，我同意里面的方向和方案，不过……我刚刚在想，没有人运营还是不行。既然由你设计、规划，运营团队你也要帮忙找，内容企划也要。不然，钱花下去了，就像肉包子打狗一样。”

他讲到一半，我的头就痛了。这是要逼我上梁山？

“我不知道找不找得到运营团队，我没有做过这个。”

“不要担心，你可以的。你就找对的人，薪水我出。”

言下之意，如果无法帮他建立一个运营团队，我的设计方案就白做了。他不执行这个方案，我后面的设计费就收不到。这位商业老司机着实布了个网，我还主动跳上去（这也是我之后会把我可以做的事和相关费用谈得清清楚楚的原因）。以那时的公司规模来说，这是一个大案子，能带来一定的收入，如果不完成就亏大了。我只好点头：“我试试。”

好在当年我的特助有文化商场背景，人脉也广，所以在我的软硬兼施下，帮我找到了一位适合的人选。他对文创有经验、有兴趣，也想试试从无到有建立一个文化平台。介绍给业主后，双方似乎也投机。这样，第一条支线开始了。

花了两个月共同工作，招商和运营计划书出来了。这次，我一边企划，一边开始活动。许多写在计划书里面的厂商已经看过现场和设计图，并且表达了继续谈下去的意愿。第一年每季的活动也已规划好。精算下来，按最保守的估计，这个园区一年可以收获二十万人次的流量，三年可以实现收支平衡，七年可以赚回前期的硬件建设投入。

本以为这次功德圆满了，我们也可以进入实际的设计步骤。但提报完后，业主并没有反应。“我会请他们再告诉你我的看法。”这一请就请了两周。加上前面的两个月，所有我找来的配合单位，已经被晾了近三个月。大家都要吃饭、生活，当业主拖进度时，我就成了需要负起责任的人。对以前的橙果来说，这是一笔不小的费用，我只能厚着脸皮去找客户。

“请问还有什么问题吗？是不是不要做了？”

“不是，做是一定要做的。只是我在想，投资这么多，最后才收回这么一点钱……”

“做文化生意，一定要先有文化才会有生意。”

“但我们做工厂的都会想，钱花出去，要滚出更多的钱。所以我在想……如果前面的停车场可以变更地目，就可以把我买这块地的钱也拿回来。”

“变更地目要花很长的时间，而且又是一件我没做过的事。”

“如果不行，现在这个规划也得不到什么大的成效不是吗?”

听到这里，我心里真的把他的家人问候了一遍。牙一咬，我说:“好，我想办法。”

答应要做，但如何下手? 我对这一块完全没有经验。既然骑虎难下，我只能再厚着脸皮去找我认识的人当中最懂建筑的大师。对我来说他就是一位智者，不论丢给他什么问题都会有解决方法。他这样教我:（1）这块地很敏感，如果不能让政府有很好的政绩，没有人会愿意让这个项目过。（2）与政府谈的话，现在是一个好时候。官员做到任期一半的时候，就会想要为下一个任期打基础。（3）建筑师有很多种，你现在除了需要好的建筑师外，还要有很强的“跑照”建筑师。（4）做这种事，一定会用到关系。随后，他教我分析地块，并和我一起构思一个让业主和政府都得利的方案。

我们讨论出来的方案包含这些内容：1. 前面的土地不能够只做商业地产，而一定要结合公共利益。我们参考纽约的 Museum Tower，提出在低楼层开设博物馆，并且是世界级的博物馆，例如 Cartier 的现代艺术收藏博物馆。2. 这块地不能只有住宅，这样利益会太庞大。要有一定比例的旅馆和提供企业训练课程的场所，让企业的品牌效应提升这一块地的知名度。3. 将后方原本规划的园区变成免费的公园。参考台中的科学博物馆园区，用前面的新大楼供养后面的免费园区，创造出一个让所有人都可以无偿使用的休闲文创空间。

有了策略之后，他找了另一位大师和他认为最适合的跑照建筑师协助我。这次的设计过程非常流畅，大师的专业度完全超过我的想象。与他共事的过程中，我看到了新的建筑设计方式。“原来，用最简单的形体搭配，可以出现这么特别的作品。”值得一提的是，他在做规划的时候，就已经把所有红线、大约的营建成本和大约的销售总额都考虑进去了。

“以这个面积，盖这个主体，大约要二十三亿新台币。如果全部售出，总销售额大约会是六十三亿新台币。”这对业主来说，应该超过预期。他看过设计后觉得没问题，跑照建筑师也认为可以试，但他说：“这个案子会非常敏感。我们必须安静快速地走完所有流程，并运用所有可以运用的关系。”

到这里，原本单纯的设计已经变质了。现在我也不清楚，我到底是在做设计，还是在玩政治游戏。我只不过希望我的设计可以实现、设计费可以收全，就需要肩负如此复杂的重任吗?

从这天开始，就是一系列的跑政府单位，约人吃饭，修正设计，再跑下一个单位，再约人吃饭，修正策略……其中最累的，是与客户沟通。让利得利是不变的法则。但当利益已经越来越清晰，客户就不想把马上要进口袋的钱与其他人分享，因此凡事都用“你再想想办法，沟通沟通”来代替“好，我同意”。因此，这个项目一直在不上不下的模糊地带中此起彼伏。政府单位不可能快，政府法规不可能不细，这简直就是我碰过的最难的“设计案”。

那段时间，我每天都期待明天会有好消息，每个明天却都像今天一样平淡。我记得很清楚，在把能做的都做完后，我感到精疲力竭。我需要休息，需要远离台北，所以我带家人去了冲绳。

那次度假，我在国际通逛街时接到来自台北的电话。一位政府的幕僚通知我:“都搞定了，请你的客户正式来函，同意双方所沟通的条件: 1. 将之前的布景区变成公园，开放给民众使用。2. 新盖的博物馆要由世界知名的博物馆机构来规划展览。3. 降低商业地产的比例。”

这通电话让我飞上了天，所有的努力终于有了回报，而且结果还不差。我急着通知客户：“Uncle，案子政府基本没问题了，请你安排去一趟，然后发正式函确认。其他就只剩把程序跑完。”

本来以为他的语气也会带着兴奋，但我听到的却是平静的声音：“很好，很好。现在，我只需要政府保证，之后不会有政客因为这件事情来找我麻烦。这样，我就没有其他问题了。”

“Uncle，你这是强人所难，没有人可以做到这一点。我能保证的，只有所有事都合法合理。”

“那我就要再想想了。”

讲到这里，我已经知道，一切都不会开始了。“谢谢，我先去带小孩了。”在冲绳的艳阳下，我的心是冰的，头皮是麻的。

这次，真的跌了一大跤。回台湾后，我还要面对一系列的收尾工作。所有的资源都是我用我的信用和关系去拜托去谈的，结果后面的那只手只是在看戏。我试着与业主方争吵，得到的回答却是："商场本来就是不到最后一刻，事情都可能会变。我们也付了你钱，所以以我们的立场，我们两不相欠。"

这次经历让我深刻地体验到，有钱有势的人有多么不可信。只要有任何一件事不顺他意，就能随时抽手，反正他的手没有脏过。这个项目的最后，设计没出来，设计费也没有收全。如果我在四个月前就认赔认输，得到的商业利益也和最后一样。

对公司来说，这可能是一个失败的案例。但对我个人而言，我从这个案子中学到了许多新的技能和知识，之后橙果的许多独特价值也由此奠定。所以在我心中，我一直记得这个案子的所有细节。毕竟曾经轰轰烈烈、义无反顾地全心投入过。这个过程让我更了解自己，更了解设计，也更了解市场。我也更清楚地意识到，设计不能只靠美和努力取胜，还要靠脑、政治和肌肉。

In:

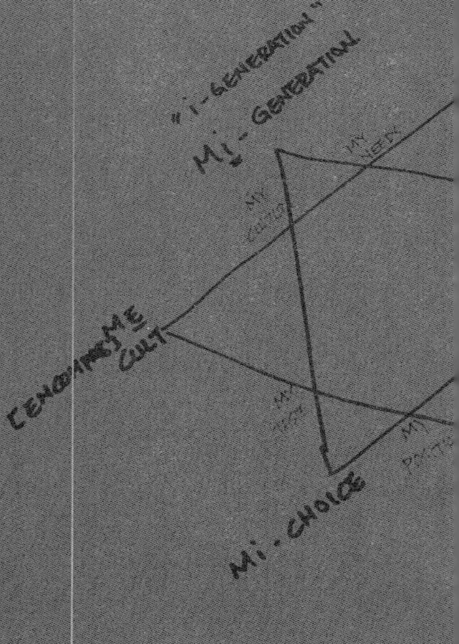

现 在

In：现在

写这本书的时候，公司已经存在了十四年。这本书上市的时候，希望公司刚好是十五岁。眼见它一路由婴儿长成了青少年，许多和橙果同龄的公司，规模和成就是我们的千万倍，但它们却还是使用我们的服务。我的做法和个性实在不适合做生意，非常直接、锐利，不留虚假的情面。为什么还会有已经做得很不错的公司主动请我为他们服务？每次有新的客户上门，我都会直接问："谁介绍你来的？为什么要来？"每次听到的答案也都一样："所有人都说，只要有解决不了的问题，来找你就对了。"

橙果在经历市场残酷的洗礼后，变得什么都不是，也什么都是。现在，它很少会碰见没做过的事，不管这些事是否被定义为一般的设计服务项目。但这也不表示我只会做困难的事。问题是，在以讹传讹的情况下，拜访橙果的客户都老早准备好一担担的困难抛到我面前，然后轻松地回家。

面对这类请求，我并没有太多的时间思考。客户要的是实时地响应。加上橙果不比稿，所以我需要用最短的时间写出让客户看得到又能理解的方案。为了不断增强自己的实力，我会根据客户所提出来的不同要求撰写报告。不论之后是否合作，不管我的想法是否有用，我都会尽可能地把握每一次询问与交流。每年，我自己写的大小报告有五十到八十份。

整理电脑时我计算出，这些年下来已经累积了近七百份报告。前期的非常幼稚，都是在突显美和设计。中期开始有一些料，有关于商业和设计的关系的思考。现在的已经不是单纯的单线报告，而是多线的涵盖品牌、设计、营销、商业等各个面向的综合报告。不是每份报告都会让我得到商业机会，但每份报告都为我提供自我成长的机会。在此，我分享的是一份我写给一个大陆电动汽车品牌的品牌蓝图规划。

我对电动汽车这个行业一直好奇。我知道这是未来中国少数可以制定世界规则的行业，也一直想要试试。不过，做车的品牌都有一股技术脾气，很难突破。这个案子，也在与对方创办人通电话时就画上了句号："蒋总，我看了你的报告，但我还是希望我们先交流交流。""没问题，但我需要先知道，你有没有什么意见？""先沟通沟通吧。反正我不找蒋总，也要找黄总、陈总，或是其他的总。"既然他认为我提供的价值，很多总字辈都可以提供，我就决定自行退场了……**以下是我以六芒星理论为基础为其撰写的报告：**

■品牌面：

I. 脉络：

- 品牌地位定义与塑造
- 品牌差异化定义与规范
- 品牌策略方向与架构

II. 策略架构：

- 品牌价值定义与延伸
- 品牌任务定义与固化
- 品牌宣言设计与套用
- 品牌愿景塑造与深化
- 品牌宣言

■沟通面：

I. 品牌相关：

- 品牌故事
- 吉祥物故事
- 客户心态定位与沟通方式设定
- 年度传播主题设定
- 线上、线下环境设定与执行方法定义
- 展示逻辑设定

■ 品牌面：

Ⅰ. 脉络：

●品牌地位定义与塑造

“定位”是品牌设计最重要的面向之一，将影响品牌的行动、环境构建、决策、资源配置、设定等，所以必须审慎评估并为之投入资源。定位并非做简单的营销组合，例如评估竞争者、找好市场切入点、仿效市场领导者等，而应该拉高至世界水准，以品牌想要传播的心理层面的价值为基础吸引消费者靠拢。很多品牌出于安全考虑，会采取中间路线的定位，并跟着时事脉动不断修正调整，久而久之失去初衷，渐渐失去在消费者心中所占据的地位。

苹果将自己定义为提供数字时代生活风格的叛逆分子，并提出“Think Different”的口号。这样的定位让他们从不过度关注市场的表面需求——低价、多功能、开放平台等，而是专注于自己想要的。作为全球最聪明的一群人，他们想要的多半也是市场要的，如果市场还没说出这个需求，多半是因为还没认知到这个需求的存在。乔布斯曾说：“可以当海盗的话，为什么要加入海军呢？”因此从一开始，苹果便将自己定位成孤独的伟人，这其实反映了绝大多数（至少新世代）消费者的心态。而这个简单明了的定位成为一股强大的驱动力，让新世代消费者转变为苹果的使用者，也因此变得聪明而时尚。对苹果来说，这个策略方向过于激进，乔布斯需要先离开苹果再回归，才能让这个定位有足够高的音量。而因为当时市面上有太多的电子产品品牌，这也的确是正确的定位。另一个有趣的例子是可口可乐。可口可乐原为咳嗽药水的变种，一开始卖给马拉松选手，供他们赛后饮用。当发现畅快的口感能让这些选手感到“快乐”，可口可乐立即以“让全世界快乐”为定位，并将此确定为他们最重要的品牌任务。不论此举是否“提升”了他们的定位，他们成功地满足了所有人的愿望——谁不想要变快乐呢？在第三世界国家常可以看到可口可乐的空玻璃瓶，原因是贫苦人家觉得可口可乐瓶可以带给他们快乐的感受，这证明这个定位深入人心，让可口可乐成为不可取代的品牌。与上述例子不同，无印良品采取了截然不同的方式，声称它是“不以品牌面目出现”的品牌，定位自己是“可以搭配或与其他任何品牌组合而无冲突感”的品牌。如此定位成功呼应新世代白领族群最普遍的渴望，他们想要拥有优良品牌的质量及其带来的美好感受，没有清楚的商标又让他们可以将它们和其他品牌的服饰搭配。这样一来，即便他们没有足够财力购买整套高端品牌的产品，也能过上被“品牌”围绕的日常生活。上述三个案例都是全球知名品牌，在品牌定位上也做了不同的选择，但其共同点是，这些定位都基于心理价值而非事实。评判品牌定位是否正确，只需要回答一个简单的问题：我可以清楚描述客户是谁吗？而这三个品牌的答案都是：无法回答。

反观电动汽车市场，电动汽车产品线主要是“机动车”（automobile）品牌的延伸，它们占据原来品牌的一部分，且能为原来品牌稍加解释。例如：BMW 代表时尚的冒险家，它的 i 系列则利用未来科技来强化这一形象。新的产品线就像新的品牌一样，因为年轻不容易获得市场的认可。目前自行车市场的高端定位品牌主要是捷安特，但这并不代表新人没有机会，只要把握捷安特忽略的心理价值，就能乘虚而入，赢得消费者心中的一席之地。而“你”（委托方代称，下同）的优势是中国在地品牌，知晓外来品牌难以理解的市场逻辑。现在国内许多人买得起“双 B”——亦即 BMW 和 Benz，所以这两个品牌开始往大众消费市场靠拢，这将驱赶原本的消费族群——许多有钱人不再买双 B，因为他们不想和众人一样。这反映出一个外来品牌不懂的心理因素：消费者买双 B 不是因为性能，也不是因为品牌价值，而是想要买“优越感”，当买双 B 不能再让我感到优越，我就会停止购买。尽管如此，我们还是必须面对以下两个事实：1. 中国尚没有足够能力做出首屈一指的高质量产品。中国经济发展飞快，着重于产品的大批量制造，却忽略基础细节，而重视基础细节正是打造高端品牌的重要组成部分。2. 没有足够时间堆叠品牌价值。在这个变动剧烈的时代，尤其在当代中国，如果不能当潮流先驱，就容易被后来居上。这两个事实并不会阻碍品牌构建，只是我们在构建品牌的时候必须铭记于心，确保我们设计的东西是真实而能够被实现的。

品牌定位建议

电动汽车将成为未来市场大宗，尤其随着谷歌和苹果加入战局，未来几年产业趋势将以“城市生活形态”为诉求。这两大巨头会维持全球领导品牌的姿态，企图改变市场法则。对此虽然难以匹敌，但至少能预先准备，建立一个相似的定位，然后从中创造区隔 / 转折（Twist）。每个成功的故事总是有开头、结果及转折。网络用户的快速成长已经改变时间和角色的定义。要成为怎样的人？要走向何方？要看什么？使用者自己已经完全拥有掌控权。因此，许多人开始想要寻回过去失去的事物。在现今不确定的经济体制之下，恐惧因素更让人想要追求被剥夺的快乐和舒适。这可以解释为何漫威的英雄电影的票房能够长红，因为这些角色是我们熟悉的，只是被带到一个全新的舞台（电影）亮相而已——这种情形和“二战”结束时的文化产业非常类似。

“你”的产品主要为小型电动汽车，这对电动汽车市场来说是种升级，但对耗油汽车来说却是种降级。过去几年，玩具搜集市场快速成长，给了一群小大人（Kidult）炫耀自己玩具的机会。这个模式可以用在“你”身上，而具体操作模式可以参考“鞋头”（Sneaker Head）们的心理状态。“鞋头”在台湾指爱鞋成痴的重度购买者，这群人在童年时可能买不到一双牛逼的球鞋，因此在长大后通过购买和搜集来满足过去不可得的缺憾。耐克利用了这样的心理状态，每周六都会推出限量版的球鞋，这在过去十年为它带来二十八亿美元的产值。而这些限量版球鞋在二手市场的价值，甚至比一手市场上排名第二的提供限量版球鞋的品牌还高，这已经超越一般品牌能够做的，并且达到一个无可取代的地位。而能够取得这样的成功，正是因为耐克尽力成为消费者生活的一部分，让人们可以追回过去所无法满足的部分。“你”的电动汽车就像是奢华的玩具，非常符合上述市场的心态需求。在中短程的旅途中，“你”提供一种游乐式的体验，满足这些“大小人”的欲望。试想，小时候有多少人幻想过可以炫耀自己的玩具车，并利用遥控器把朋友载向远方？这个梦想从未实现，而我们早已长大，认为这些幻想不切实际。现在，“你”提供了一架“真的能开”的“玩具车”，它有小时候我们觉得最酷的玩具车外形，还装载了最新科技，完全满足了人们内心的渴望。这会被人们视为“第二台车”（Second Car）吗？会不会变成人们新的嗜好？如果这台车像玩具车一样，可以让你自由更换零组件，人们会不会更感到兴奋？他们会只把它当一台代步车，还是会像童年时一样和它对话，甚至为心爱的它取一个名字？

●品牌差异化定义与规范

品牌定位若能够符合现今潮流趋势，一方面可以增强品牌价值，另一方面也能让传播借力使力，减少说教意味，而这正是品牌差异化所要做的。太多品牌根据技术来定位，而技术只要训练有素就能达到。这些品牌一进入市场，就会发现自己和别人没有明显的差异，难以建立无可取代的独特标志。电动汽车的发展和电脑运算技术息息相关，而近两年来电脑运算技术的发展又可以从机器人技术的进步中看到踪迹。软银集团（Softbank）的 Pepper 智能机器人就是最好的例子。Pepper 机器人并不便宜，不是人人负担得起，但它能够读取人类情感并给予适时陪伴的特性，令它甫一推出即销售一空，造成了市场的供不应求。Pepper 就像人类的大玩具，满足儿时所不可能达成的梦，这一定位与前述的定位相符，所以我们可以把智能机器人的概念也纳入品牌建构当中。“你”的差异在于：提供电动汽车的先进科技，创造智能型机器人车辆。这样的差异化，能令消费者在第一次接触到品牌时，就产生强烈的印象。但“你”可能会问，“你”并没有生产智能机器人，如何将机器人的主题概念融入品牌建构中？

其实，回头想想“你”在做的事，不难发现“你”其实在生产机器人——一是既有的吉祥物，二是车内的控制中心（In-Car Control Center）。很可惜，过去“你”并未好好利用它们：吉祥物只停留在 2D 的卡通层面，而车内控制中心只是一面大型的智能屏幕。

以吉祥物来说，我们能否把它做成皮克斯的瓦力（Wally）？它的故事为何？拜现今科技所赐，虚拟现实越来越容易让虚拟角色和人亲近。只要在用户体验的过程中加入数字显示屏幕，就能够让虚拟的吉祥物融入消费者的真实生活。

想象一下，车钥匙或钥匙圈上有个小屏幕，当消费者拿起钥匙，屏幕上会出现一个小机器人；当他用钥匙起动车辆，机器人会从小屏幕跳到车内的屏幕和他打招呼，并为他做好此次驾车的偏好设定。谁说车内的互动屏幕不能以 GPS 的方式呈现呢？它能够让车内的空间看起来像虚拟的家中客厅，或一个虚拟的操作中心。这些人工智能体验将提升“机器人”的服务质量，以具体的形式彰显“你”的品牌价值。我们甚至可以考虑将机器人的样貌融入汽车的标志设计（icon）当中。变形金刚可以从机器人变成车，而车体机器人也是许多人正在砸大钱做的计划。我们可以用更简单的方式，只要把机器人的样貌融入车前灯设计，在结构件不动的情况下，利用外加件来创造不同的面部表情，就很容易让车呈现机器人的样子。

纳智捷（Luxgen）是台湾品牌，目前已进军大陆。它将它的油电混合车定位为“市面上最智能的车”，但是，现在大家人手一台智能手机，谁会想要买一辆昂贵的智能车？这辆智能车会比智能手机还厉害吗？而“你”厉害的地方，就是让消费者能够将自己的智能手机和“你”的智能车结合。只要把屏幕接口设计好，消费者就会认为这是一台了不起的智能车。我们不去挑战使用者原本的使用习惯，而是将他们惯用的手机设定延伸至车辆上。这个整合的概念符合现今的智能潮流。纳智捷砸下大笔钱请法拉利设计新的引擎，并为此感到相当自豪，但他们并不理解，消费者要的是法拉利设计的“车”。对消费者而言，同样用一百万，他们更想买的是法拉利的跑车，而不是一台拥有法拉利引擎的智能车。前面一种思路可以让纳智捷成为一个强势品牌，而后面一种完全没有品牌的概念，还是一味在强调功能。以此为鉴，“你”应该将资源投入在让消费者“有感”的事情上。

"你"的品牌差异化战略，除了在科技革新上做文章，还可以在产品带来的 CP 值上着手。产品的价值若能被量化，通常会随着环境变化产生价格上的变动；若无法被量化则会有两种可能：当时机对了，有可能创造极大的价值（如"二战"后的钻石）；当市场开始出现追随者，能够创造主流价值。因此，"你"要创造的产品价值有二：1. 电池效能的提升；2. 大众买得起的、有着机器人外形的电动车。若能结合两者，"你"所创造的品牌将能够满足消费者情感面和功能面的所有需求。这是品牌建构的基本原则，即确保情感（欲望）和功能（科技）的平衡。

，/ 逗点——"你"主要的品牌价值：

1. "你"创造的商品，是顾客生活的"逗点"，而非"句点"。

2. "你"的电动汽车不是一成不变的商品，不企图改变消费者的生活，但能够为他们的生活带来惊喜。

●品牌策略方向与架构

许多中国在地品牌在变成市场上的领导者时会面临一个问题：如果不缩减产品范围，专心致志于几个销售表现优秀的主打款，就很容易变成一个没有价值的品牌，甚至一个连品牌都称不上的大型制造商。缩减是品牌在成熟期需要面临的阵痛，也是一个具有风险的决策。“你”是一个年轻的品牌，目前只发布了两款产品，现在正是规划后续的产品发展策略、避免上述缩减阵痛的绝佳时机。检视机动车市场我们会发现，不管是零组件还是汽车品牌，他们都致力于研发固定的几种形体（forms）和车型（models）。例如：保时捷的911、916、918车型占过去十年销售额的80%，这些车型用了相同的车头，而车尾不尽相同。这不仅节省了研发费用，还令它们拥有整体一致且专属于保时捷的品牌识别。同时省下的，还有传播和教育消费者的费用。可以说，在消费者心中建立起稳固的品牌形象，是品牌最重要的任务。保时捷为什么可以做到？原因很简单。从建构品牌的第一天起，即有计划地投入时间和资源在对的事情上（模块化设计）。如果一个模块就能成功拿下市场，并且稳固地成长，为何需要两个？制造商常常忽略这点，转而只求量，不求质。就这点，就能看出谁是真品牌、谁又是假品牌。以房地产为例，求量的开发商也许能快速成长，但市场不景气时跌得也快；求质的开发商不同，在市场不景气时还是能够生存下来。发展策略时，与其谈论什么该做，不如思考什么不该做，这会让整体策略更清晰。目前而言，“你”不该做的事有三：

第一，产品开发不要完全按照消费者的需求制定，而

要依照我们预知的未来。乔布斯担任苹果执行长时就是奉行这个策略。他不认为消费者知道自己要什么，所有研究资料只是“假象”。乔布斯设计产品时只会思考自己想不想用、会不会爱上。当我们深究内心的欲望，会发现集体共同想要的事物——一个结合个人电脑和手机的混合体。从那天起，苹果就专注研发 iPhone，并且谨慎地扩张自己的产品线（iTunes、Apple Store、Apple TV……）。在掌握了核心组件后，苹果不吝惜与其他品牌分享自己的成功。如同前述提到的“鞋头市场”，耐克和苹果都专注于研发自己的产品，并且愿意与市场上的其他品牌共享成果。发展品牌若只跟进竞品，注定无法跟上潮流。如果只专注于功能和价格，能够累积的价值就很有限。反之，如果专注于某个有限的商品范围，但在其间建立良好的商品生态，就能节省精力、时间和资源。当把商品从研发到生产的每个环节做到最好，就能赋予商品无限的价值。开发商品时，我们利用的是简化逻辑；建立商品生态时，则可采用封闭平台，像苹果所创造的“不开放”系统一样，吸引众人参与由他制定好规则的游戏，并从中得到利益。

第二，不要为了新科技而开发，不要为了漂亮外表而设计。品牌应该传递正面的价值，而这个价值应该能够吸引消费者靠近。苹果的价值是逆向思考（Think Different），可口可乐是幸福（Happiness），耐克是 Just Do It，这些价值都是企业执行长或企业本身要传递的信念，而非表面的价值。品牌不是企业主表达个人口味的平台，或是炫耀的工具。品牌做的每件事，对产品的每次研发、设计、升级，都是因为有了更好的组件、技术和资源，为了达成更好的价值。续航力强的电池、变得轻巧的电池、更好的外观设计、未来感十足的显示屏幕系统、酷炫的吉祥物、时髦的配件……这些都是“你”的品牌必须有且必须不断完善的元素，不得投机取巧。当我们自己和行业能够看见这些产出的价值时，我们的品牌就能获得投资者的青睐。这些价值能够成为吸引消费者靠近的动力，让消费者爱上产品的理由。

第三，没什么好说的就别说，没什么好秀的就别秀。网络的好处是只要敢秀就有机会被看到，但所有被摆上网的东西会被永久保存。而即使东西再好，也有可能被人找出缺点。对某些广告代理商而言，帮客户做越多广告、客户的商品曝光率越高，他们就越成功，赚的钱就越多。但他们可能没有去考虑，传播的媒介是不是都合适，所做的一切能否为客户建立持久的品牌形象。铺天盖地的广告只会让人们对广告慢慢失去信服，就像博客不再像从前那般受人欢迎。品牌，只有一次向市场介绍自己的机会。如果能充分利用，就能让更多人了解。在蜜月期，我们必须确立完整的品牌体验和定位，让消费者和市场期待我们发布的每件产品，就像苹果和耐克一样产生一种拉力。这种拉力能开启期待，消费者将期待与品牌建立更深的情感连接。情感可以建立消费者和品牌的良性关系，令品牌得以扎根。

“你”品牌策略可以分以下十个阶段来进行：

阶段 1. 重新审视现有营销内容。找出技术、制造、情感三个层面中“你”所有的不可取代的内容，再以这些为基础发展新的内容。

阶段 2. 跳脱现有设计框架。决定最终采用的基本模块，评估以下两种结构成本的差别：利用单一框架（frame）结合多层（layers）设计；采用多种框架的结构方式。多方搜集市场竞品的数据（包括直接竞争者和新品牌）。因为电动汽车市场仍属于蓝海，市场上尚未出现绝对的领导者，“你”的策略就是要打败众多小品牌，拔得头筹。吞并这些小品牌的市场相对容易，也能未雨绸缪，做好未来迎战强势品牌的准备。

阶段 3. 确定技术、制造、情感的重要性比例。决定投入框架和多层设计的资源分配比例。

阶段 4. 检视零组件配合厂商名单。检视目前配合的零组件厂商，是否有潜力成为封闭平台的策略伙伴。采用它们可以扩充、升级的模块化商品。

阶段 5. 依照接口设计和游戏逻辑找寻软件配合厂商。接口设计厂商将会协助进行网页改版，而未来的网页内容将以使用者原创内容（UGC）为主要导向。仿效时事电视台（Current TV）的做法，“你”将提供一个平台，让用户自行产出播出的内容，例如举办和“你”的品牌电动汽车有关的时尚摄影比赛，选出最合适“你”的电动汽车的服饰，而胜出者可以获得一台“你”的电动车。就像苹果的线上商城吸引 App 的内容生产者进入一样，“你”也将通过这个平台丰富用户的驾车体验。

阶段 6. 重新设计“你”的第一代车型。确保所有设计都有其存在的理由，且能够让消费者完整地体验到。

阶段 7. 以快闪店重新发布“你”的第一代车型。以大陆二线城市的大型购物商场中的广告推广为主要目标，利用快闪店或橱窗来展示新品。

阶段 8. 启动“你”的线上平台。线上平台以非商业相关信息为主，因为“你”的下一步是成为一个生活风格品牌。

阶段 9. 发布两人座和三人座的车型。这个系列的车型有完整的“天、人、地”三个价位的产品线。

阶段 10. 发布限量模块。与世界一级品牌（个人品牌、时尚品牌、设计品牌……）合作，推出极少量的梦幻逸品作为品牌行销推广的主力。突然地把品牌的定位移至非传统电动汽车行业会进入或被联想的行业，一次性地奠定出无法被轻易复制的品牌高度。

II. 策略架构：

●品牌价值定义与延伸

市场上充斥着良莠不齐的品牌，使之变成一片红海。更糟的是，许多品牌持有者并不了解品牌的本质，以为为企业摆上了 logo，建立了终端商店或网络平台就成了品牌；而许多消费者也不了解品牌，他们知道品牌很重要，却不了解为什么重要，只是一味盲从。这两方面一起造就市场上蜂拥出现的“假品牌”，让其他想要做好品牌的企业的道路变得更加艰难。当人们不了解一件事却认为它很重要时，就容易用自己既定的印象来评判它的价值。而这些既定印象往往和自身利益相关，例如：我能否享受更低廉的价格？一样的价格我是否能得到更多？是否能给我其他品牌没有的功能？这种类型的问题往往决定消费者是否选择某个品牌。而导致这个情况发生的主要原因，是市场上的“假品牌”总是无法将品牌价值清楚地传达；即使它们能够清楚地表达，其提供的品牌体验也无法实现价值的传递，消费者也就无从理解和认同这些价值。回到“你”，我们要传递的品牌价值是什么？回答这个问题以前，我们必须审视“你”的发展历史和故事。“你”是一家资源有限的企业，但坚持做对的决定，而不想做一般电动汽车品牌做的那些。“你”所做的市场区隔，大品牌觉得小，小品牌又觉得大。结论是，“你”的品牌任务是创造一个多面向的“人”，一个敢与众不同的“人”。他能传达“你”的产品和核心理念——“你”做的产品除了满足上述技术、制造和情感三个面向，还应包含第四个——数字虚拟内容。产品的内涵将不限于汽车，而是个人化的短途旅程工具。“你”不要将自己定位为中国在地的制造商，而要定位为中国的趋势领导者。“你”的电动汽车是为了那些面向未来的人，而非活在旧时代框架的人而设计的。而“你”，是他们到达新世界的关键。当“新”成为“你”的品牌价值，“你”创造的所有品牌体验都必须符合“新”的定义。品牌层面，“你”必须摒弃传统媒体，采用新媒体、使用新科技来创造“哇”的体验。设计层面，“你”所有的设计必须被纳入第四面向（数字面向）和原有的三个面向。开发层面，“你”需投入相关资源开发营销内容，创造能和消费者直接连接的“四维面向”。

“新”要被市场理解就必须可视化。网络改变了消费者接收信息的习惯和偏好。两年前，70% 的网络用户通过图像而非文字来接收信息。所有需要消化的文字，都会先经由一张适当的图片来引导用户阅读。当一般人听到“新”这个词时，第一个进入脑海的图像会是什么？是一个对称的国度，一个数字的王国，还是一个上下颠倒的世界？不论为何，都应该是一个我们从未见过的未来世界，拥有像《星际争霸》或

《星球大战》的冒险精神，或崭新开始一般的清爽态度。这是我们目前建议的视觉方向。

我们想要让市场还有消费者认识到，他们可以像一个小大人一样充满冒险和克服困难的精神，也可以给自己一个重新开始的机会，以及更多我们能够从三十到五十岁的小大人心中挖掘出来的梦想地图。此外，对于二十五到三十岁的年轻消费群，我们设定的氛围是“潮流先锋”。这群人通常还不知道自己要什么，他们渴望被认同，或者做百分之百的自己。总而言之，“新”能够代表上述的两个族群。不论最终决定的视觉方向是什么，我们要确保它强调过程，而非结果。想象一下，当你开往城市的天际线，这个新的面向会是什么？它会是你开车过程中看到的风景，而非终点的样貌。所以你开的车就是新面向，开车经历的过程也是新面向。“多面向”要怎么和“你”的名称做结合？“你”可以拆解为两个部分：知识和魔豆。知识的力量可以让人找到传说中的魔豆，一个可以带你通往另一个世界的渠道，在那个世界充满着乐趣、光明和绿意。这就是新面向：一个让人活得更快乐的选择，一个通往其他世界的邀请。

品牌价值必须正面，且能够打动消费者，这将是“你”的员工和产品必须追求的价值。进行品牌沟通时所精选的用词应能够响应并提升品牌现有的价值，且不背离“你”所强调的重点。

●品牌任务定义与强化

完成品牌价值的设定之后，下一步是设定品牌使命，以统一内部员工的信念。品牌使命常常被误以为是用来做外部沟通的宣言，其实不然。品牌使命更是用来做内部沟通、统一内部资源以传递品牌价值的工具。品牌使命必须简单易懂，直接点出品牌要走的方向，同时有可以让策略伙伴扩充发展的空间。毕竟，品牌是长出来，而非做出来的。“你”的品牌价值是“设定新面向”，品牌使命就应该要让这个价值能够付诸实现。如果我们聚焦在驾驶的新体验，我们的所作所为就要让驾驶充满乐趣。许多品牌价值皆基于“乐趣”（have fun），例如可口可乐、大众汽车。不论是追寻乐趣、游戏人生还是享受当下，这些品牌都试图让一般消费者跳出无聊和令人失望的现实生活。如果“你”的品牌使命是“驾驶乐趣”（Driving Fun），“你”会成为一个怎样的企业？

一个把乐趣融入过程（而非结果）的企业

一个让驾车体验变得有趣的企业

一个把乐趣融入所有零组件设计的企业

当一家企业将结合任务和价值，甚至建立起任务、参与者和接收者之间的正向连接，那么它将不再是推力品牌，而将成为拉力品牌。而当以拉力为基础，企业进行氛围营造或品牌推广将更加顺利。

如果脑力激荡的过程充满乐趣，我们可不可以将其用在新闻发布上？

如果驾驶体验充满乐趣，我们可不可以在沟通时强调这一点？

如果乐趣是令实践得以完美的因子，我们能不能在社交媒体中制造口碑效应？

当我们的使用者和批评者在社交网络上讨论，为品牌制造声浪，我们将在市场有更大的影响力，也将被视作真正的品牌：一个除了提供功能更提供价值的品牌，一个对大众生活有直接影响力的品牌。为了达到这个目标，驾驶乐趣、创造乐趣、成为乐趣都将成为我们打造品牌时的任务和方向。

●品牌宣言设计与套用

然而，除了高度宣言**“新面向”**，核心宣言**“驾驶乐趣”**，我们还需要接地气的标语以令品牌架构的设定更加完整。检视先前的宣言：新面向在描绘一个不远的梦想，驾驶乐趣设定了体验的氛围，还缺乏什么？我们需要能够直接连接消费者的宣言，将消费者的身份、喜好及利益和“你”在做的事情融合。我们向市场传达的是：以消费者的数字习惯喜好为基础，将体验定制化，打造独一无二的交通工具。

简而言之，我们将数字体验的面向变得更好、更多元，而这可以转化成这样一句话：**你的路线就是我的路线**（Your Way Is My Way）。“路线”有两种定义：方向和道路。这句话引导出产品的方向：半定制化。半定制化已经是全球应用的标准，配合我们的规划，“你”的使用者不仅可以将他们的数字世界带入“你”的电动车，还能在一个相对稳定的基础上重新设计部分外观。完善的商品格式设计可让使用者感觉拥有对品牌的控制权——当产品能依照他们的需求，强有力地表现他们的个性。“我为你打造这个品牌，还为你提供选择。”这些角度将定义品牌是全面的或专一的。全面化的品牌不会让受众感受到独特性。因为它呈现的，就如同品牌红海中的任何品牌，都是品牌自我价值的突显。专一化的品牌会利用完善的设计逻辑，让受众在体验品牌的价值时可以同时感受到自己的价值并将自己的人生经验投射到品牌里面。这会让品牌在受众的心中有不可遗忘与不可取代的唯一性。专一化的品牌，不需要用开放式的大众系统。因为它们不需要取悦大众。专一化的品牌在做的，是用诚实与坚信面对与它有同样价值观的受众。当我们掌握封闭的系列设计——从应用程序到模块化外形系统、我们应该拥有所有面向的控制权。因此，我们需要让使用者感受到他们实际上掌控一切、他们才是核心。“你的路线”便说明这个逻辑，凸显“你”而非“我”，以触发品牌传播和发展忠诚度。“我的路线”也是重要的宣言，除了表达“你的路线就是我的路线”，延伸出分享、共同制造及品牌自信的概念（有足够的自信了解使用者的路线并满足他们），更表明我们在正确的路线上以足够的能力做着正确的事。能够表达双向价值的宣言通常能够获得市场信任，因为听起来更真诚。接地气的品牌标语不见得要充满爆发力，也不见得要呈现高高在上的价值或伟大的计划，唯一需要的性格是真诚而简单，如同朋友会对你说的心里话。

●品牌愿景塑形与深化

在这个阶段，我们须涵盖品牌结构中的三个心理层面：品牌价值**“新面向”**、品牌任务**“驾驶乐趣”**，以及品牌标语“**你的路线就是我的路线**”。三个层面都链接回“小大人”和“移动乐趣”的品牌定位，不仅足以和现有架构呼应，也比市场同类品牌更具“品牌导向”。然而，如同前面提到的，品牌不是做出来而是长出来的，一个妥善设计的品牌会有它自己的生命，并沿着既定方向渐渐变形，慢慢吸引不同的资源和使用者。当上述的动作到位，品牌便开始发光发热，而想掌握这样的未来，我们需要在品牌精神的设定上走得更深。如同任务宣言，品牌愿景要让信仰品牌的人们产生梦想，想要追求。

品牌愿景需要远大、宏观，也通常需要花上数年时间去实现。它需要是我们可以追寻的目标，而电动交通工具带来的不只是新形态或绿色生活的可能性，更是对城市能源使用的系统和需求的彻底改变。奔驰宣布推出了智能汽车，谷歌正在开发无人汽车，而苹果的 Titan Project 蓄势待发，这些变革将彻底翻新城市生活。这如同在 iPhone 问世之前，没有人可以预期它发布后的两年里会发生什么事，唯一能够确定的是所有事物都将变得不同，世界将不再在同样的轴线上运转，而转移到另一个维度、另一条轴线。而这也导致了摩托罗拉和诺基亚等手机巨头陨落。对电动交通工具来说，主要的商业利益不在于本身的销售，而在于充电站及它的模式，电动交通工具仅是达成这个目标的方式。在这个角度上，我们需要评估的是，未来某一天，交通工具是否会比电力还便宜。如同优步的模式，服务比载人的工具来得更重要。这便是为什么我们要规划模块化设计，让核心部件作为低利润平台，而令其他部件成为高利润产品。

然而，充电系统是国家级或省级的公共建设，作为商业品牌，我们应该思考的是，除了巨额投资、和政府协商等手段，是否还有其他切入方式。国内数不胜数的文化公园是一个可行的方向，多数文化公园离城市市区都不太远，因此对“你”的使用者而言是非常合适的地点。另一方面，闲置的文化公园也需要有趣的内容使其恢复活力，而提供乐趣、让驾驶变得有趣正是“你”的核心价值，因此，由“你”为文化公园开发有趣的内容作为交换，在公园内或公园附近设置充电站就是很好的做法。这做法契合品牌形象，同时也赋予“你”设计完整体验氛围的机会。这样的规划将未来带到现在，因此“你”的品牌愿景可以是：提供“现在未来式”。“你”持续突破限制，不断为使用者提供来自未来的体验。这样的愿景也将驱使我们在科技、能源等和未来相关的领域投资，“你”因而将不只是电动汽车品牌，而将连通今日和明日的大门。

●品牌宣言

品牌宣言需要定义所有的品牌关键词，并将这些关键词连接成完整的逻辑。它是品牌的定位、价值、任务、标语、愿景的总和。适合这个品牌的定位的词有：Design（设计）、Interaction（互动）、Mobility（移动）、Experience（体验）、Neo（新世代）、Social（社群）、Inclusive（全面）、Original（原创）、Need（需求）。

以这些词为思考的拼图，架构出的六芒星如下：

●**心态价值：** i 世代

这是指苹果手机出来后的一个世代。这群人想要有自己的想法和不一样的东西，容易接纳新事物。重点是，他们会被价值和特质吸引，而非单纯地以性价比为消费理由。

●**设计体验：** 智慧移动

一个经过思考可以自己进化的移动方式。

●**连接点：** i 机器人

机器人的车体化。越来越多的车都以拟人的方式进行设计，越来越多车的车头开始向脸靠拢。科技的新面貌不会再是冰冷的。

●**体验设计：** 微行身份

让“微行”成为一种火红的身份，让拥有第二部车变成一种“面子”。

●**客户供给：** 可负担的微行

直接提供给客户的就是短距离的电动汽车。以政府补助金为售价的出发点，让想要拥有的人都可以轻松拥有（不解释）。

●**教育核心：**个人氛围

给予消费者经过设计的个人化权力。让物真正成为他生活的一部分。

●**感染点：**连接源头

让所有人可以在行程中和所有人连接、交流、互动。

●**感性诉求：**保持关系

需要保持关系的现代人同时有许多平行的身份。如何持续经营这些身份是他们的一个重要考虑。

●**市场需求：**全面同步

如同智能型手机一样，消费者期望得到一个经过整合的代步工具。可以在不用思考和操作的情况下，让已经设定好的智能工具直接串联。

●**线上推力：**控制环境

选择新能源车，除了可以让地球更好，还能让使用者有机会建造出属于自己的环境，就像躺在卧室中移动一样。

●**沟通点：**专属环境

每一部车都会因为使用者需求的不同而做出不同的调整。

●**线下引力：**生活极大化

当移动的方式智能化、连接化，人们就不会在移动的时候与世界断线。

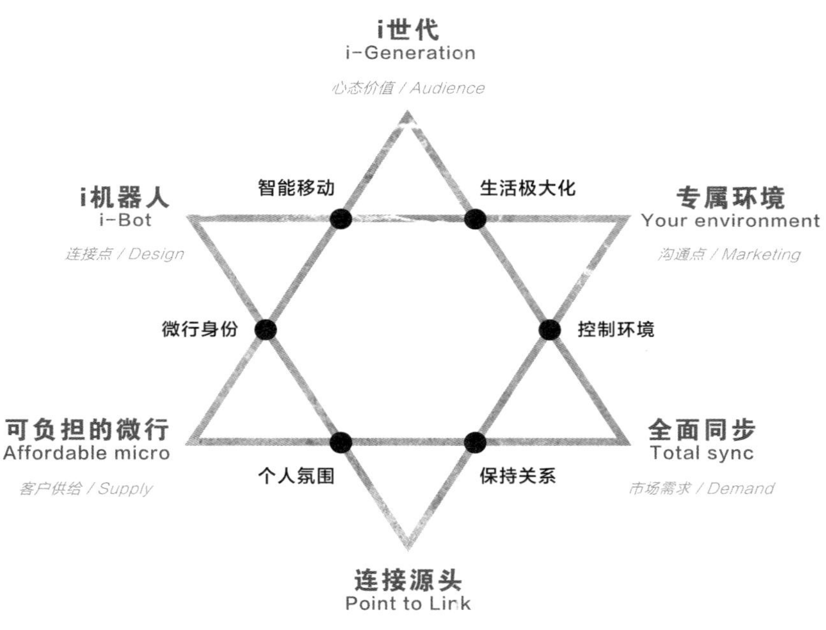

i世代的改变包括进入**智能移动**这一个领域。**i机器人**会是新移动方案的核心。**微行身份**强调除了提供功能，还有人性价值。而提供**可负担的微行**，是普及**个人氛围**最直接的方法。用智能车**连接源头**，让使用者可以与社群**保持关系**，成为让生活**全面同步**的重要环节。给予使用者一个经过完整设计的**控制环境**，让他们可以创造自己的**专属环境**，达到**生活极大化**的目标。

白话一点的解释，就是新市场的根基完全由i世代组成，他们是不以年龄、性别、社会地位区分的新族群，区分他们的方式是智能型装置的使用形态。这种形态（digital solutions）变成他们生活中的一部分，甚至浸润在每个人的生活之中。他们拥有并管理的不只有一种身份，他们在这些不同身份中建立自己的价值，虽然通常这种个人价值的建立和现实状态没有绝对关联。他们追求受控制的环境，借此享受诸多身份的全面同步，保持联机因此成为对他们而言最有价值的奢侈品和解决方式：他们可以因此“做自己”，并接受令自己深陷其中的“虚假现实”。因此，连接点不再只是概念，而是生活方式，衍生的个人氛围顺势成为个人特质的要素。然而i世代仍以年轻人为主，虽然他们对于个人身份和持续连接有需求，但通常没有足够的经济条件来购买对应的产品，因此，提供可负担的微行将成为切入的关键：微行身份即是新的大众，i机器人将成为新的混合汽车动力（结合智能汽车和机器人）。借由开发智能移动的环保系统，我们将重新定义中短距离交通选项，并在另一个领域宣告自己在智能移动的领头地位。如果模拟现在“你”的状况，与这蓝图符合的点有哪些？要如何放大？差异点有哪些？要如何缩小？有哪些地方需要妥协？为什么？

■沟通面：

III. 品牌相关：

●品牌故事

在网络出现之前，科技的进步速度还相当缓慢。现在，我们正以光速前往新的世代，过去的科幻都即将成为现实，这样的转变频繁地改变人们的喜好。过去，我们还可以欣赏一部问世三年的电影运用的最新技术；现在，当我们看一部两年前的电影便可以清楚说出它的缺陷。因此，传统市场 Story Telling（讲故事）的做法已不再有效，听、看故事的手法已经出现太多次。现今大众希望身临其境、感同身受，这便是 Story Doing 的起源。第一家成功执行此概念的公司是皮克斯。在他们制作的《怪兽大学》电影上映前，他们把电影主题带进现实生活，让观众可以有机会亲身感受，借由情景碰触想象，进而进入故事之中。“你”的品牌，能够直接触发联想又广为人知的故事是什么呢？假如是杰克与魔豆，在这故事中，杰克运用魔豆进入超乎想象、魔幻而美丽的世界，这是否正是“你”作为一个品牌要瞄准的意境？为市场提供新的选项，作为进入即将到来的新世界的门票。这也是我们为品牌发展做规划的中心逻辑。

一个关键的问题是，一方面，我们希望被定位成提供乐趣、具有娱乐性的品牌，但另一方面，也要有精英品牌的质感。没有人会想买一件价格过高的高科技玩具，但所有人都想要拥有彰显身份的科技产品，这便是为什么品牌故事应该要从另一个角度想：每部车都有屏幕，而每个屏幕都需要内容。如果“你”代表移动客厅，那智能屏幕便是电视，那么，如果我们在电动汽车里独家放映讲述“你”的品牌故事的迷你电视剧集，会是什么内容？我认为，这个故事应为品牌加入成熟的质量和感受，这个故事可以关于下一个世代的人类，关于新人类和机器的爱与冒险。在**这里我分享一篇我在“苹果与蛇说故事”发表过的故事。**那是我和一位好友架构的对话平台，读者蛮多。但做了两年后，我俩都累都忙，就停止了更新。

2014 年底，生物医药产业开始蓬勃发展。似乎人已经接受了环境破坏无法逆转、能做的只是借由科学让自己活得好一点的事实。医学美容提供的已经不是单纯的表面工夫，而是由里到外的青春永驻。这让另一种社会不公萌芽，让有钱有资源、站在社会顶端的人士可以再次用钱买到比一般人更多的时间，再利用这些时间赚取更多钱，创造更多不公平。

2016 年底，生物机器产业开始结合智能机器，智能装置首次被植入人体。人体尚未完全机器化，但有钱人已借此获取更多信息，处理更多事务。社会不公平由此变得更加明显。令整个社会感到害怕的不再是高房价和低薪资，而是金字塔底端的人一生都不会有走向顶端的任何机会。穷极一生，只能当 3.0 版的奴隶或是有钱人的玩具。

2020 年初，双方的矛盾难以调和，触发了“人类革命”。“社会运动主义”的追随者把通过手术调整自己身体的人定义为“非人类”，他们强烈要求这些人释放手中的资源，以保障“人类”原有的生存权。而经过改造的有钱人，将自己定义为“人类 2.5”，认定自己是进化了的新人类，理应享有更多资源，因为他们代表人类的未来。

“人类革命”像一个中介点，赋予双方一个互相残杀的理由。2020 年 1 月 13 日，星期一，地球进入了分裂期。在“人类 2.5”掌权的地区，旧人类被当成奴隶饲养，没有人权。其存活的价值，只是为人类 2.5 干粗活，并供其玩乐。这些区域有着丰富的物资，旧人类只要愿意乞求，活下去不是问题。而在为旧人类所控管的区域，人类 2.5 被当成一种致命的病毒。旧人类对他们实行抓捕，被捕的人类 2.5 被关在集中营中，作为样本被解剖和研究。这些区域在革命前多为贫民窟，没有像样的资源。在那里，每个人虽可以“活出自己”，却活得非常辛苦。

今年“人类革命”已经过去十年，在这有着非凡意义的一年中，不少人希望找出让人类回到互相尊重的时代的方程式，让世界再次和谐。

Doctor Robert 对着讲堂中的一百三十五位学者发表今年科学班的目标，虽然每年的目标都一样。

科学班是一个神圣的中立单位，由全世界最聪明的 0.01% 组成。这里多数是智力与爱因斯坦差不多的学者。这里是人类 2.5 与旧人类共同支持的研究单位。它的目标浅而易懂：找出让世界再次大同的方法。对人类 2.5 来说，进化后的人格一定是高尚的，因此所有不直接危害到本身既得利益的大我价值都需要被支持和保护。对旧人类来说，只有回到过去，才有机会与人类2.5竞争。Doctor Robert扮演着双方桥梁的角色。很多时候，我甚至怀疑，Doctor Robert 90%的聪明，都用在政治上。

一如往昔，Dr. Robert一讲完话，所有人都站起来鼓掌。如果说世上最聪明的人有什么共同点，那就是都很会见风使舵。在遇到困难时，我们都是墙头草。所以，虽然我不欣赏也不喜欢Dr. Robert，还是热情赞同他那老掉牙的论点。

我是Doctor Daniel，在这里他们都叫我Dr. D.。我的专长是研究人类的脑部。在我看来，旧人类就像学校里只会用身体力量解决问题的运动员，注定被新世界淘汰，因为他们只有单一的生存技巧。人类2.5则像是得到老师庇护的小孩，不断用作弊的手段让自己战胜其他人。这种行为本应让他们被淘汰，但因为资源的极度不平均，他们的存活时间反而变得很长。人类的进化不靠机器、生物技术或消退期较久的青春，而一定是由脑开始。现在的他们所做的，只不过是一场自我感觉过于良好的“猴戏”。科学研究不断证明，人是无法超越自然的，科学只是在帮助人类了解自然，方便其模仿自然。而模仿不管多像，还是无法超越模仿对象。假如超越，就不是模仿而是创造了。我的假设是，人类在不利于自身生存的环境下，本就会为了生存而进化。就像在远古的冰河期，人类进化成会使用工具的种族，而因为温室效应，又进化成能了解生物基因与改变基因的种族一样。过度依赖科学反而使得人类在逐步恶化的环境中无法进化：生物医学、机器，都让人可以在恶化的环境下生活，这反而剥夺了脑必须进化的理由。我相信人类到现在还未进化，所以必然被自然淘汰，更不要说人类自己也在加速自身的灭绝。

我对此深信不疑，直到我碰到了 Zia，一位有着羽翼脑叶的天使。遇见 Zia 我才相信，人可以变得更 advanced（高等），而今年真的如 Dr. Rorbert 期望的那样，会是解出人类和谐方程式的元年……

Zia 走进我的生活纯属意外。每月旧人类都会送一百三十五个人给学术研讨会做实验。我一直不解，旧人类是如何在自己的族群中选出更旧的人类来让我们做实验。相较之下，人类 2.5 提供的仪器资源更为合理。每月，这一百三十五个实验人类会被随机分配到一百三十五个实验室，让我们这些学者自行使用。很多学者利用这个特权玩起了扮神游戏，我因此为那些被用来做实验的人感到悲哀。

我的实验相对人道。我在意的是脑，尤其是脑叶的皱褶程度与形状。在做完脑部的立体塑像后，我会把实验人类完全麻醉，在无痛的状况下取出活体的脑。这样，脑中的电流反应才会持续，我也才能比对出哪一个脑域比较容易进化。经过三年的采样，我已经可以根据脑叶的分布图像判断出一个人的智商与进化程度。脑叶的形状与哪种物种相像，人的智力就会往哪个物种靠拢。例如，脑叶排出猴脸的人，其行为与思考逻辑比较像我们的老祖宗。脑叶纹路不多，平滑得像豆腐的，其行为模式就极为简单，他们通常单纯为了活着而行动。这个结论或许不太“科学”，而偏向主观的艺术性，但却准确得让人无法怀疑其正确性。习惯用这种方式扫描实验人类后，我就把八成的工作交给了May，我的机器实验助理。我清楚地告知May，只有在出现非现有物种的脑叶图像时，才能打断我的休息。

May是人类2.5开发出来的人工智能。我从没高看她，因为她只是线路板里的一堆0与1，但她的声音非常好听，这让我在想象她的面貌时，拥有美丽的遐想。

2029年，11月13日，13：05。11月的实验人类到货。

[这次]

这次到的“货”是一位红皮肤的女性。小脸，尖下巴，大大的眼睛。头发上绑着贝壳，贝壳夹着辫子。眼中没有任何恐惧。

“有意思，很久没看到这么平静的实验人类了。他们通常都歇斯底里地叫着，尤其当看到钢床上躺着的无脑遗体时，九成九的人都会控制不住想逃的欲望。这么平静，表示她的脑叶纹应该是平滑的，所以对非生活必需的外部刺激没有任何感觉。”“这样的话，实验过程就不会太吵。”

Dr. D. 伸了个懒腰，把腿跷到电脑桌上，双手交叉放到脑后，准备休息一下，等自然醒后再看 May 收集的脑叶图。眼睛才刚眯上，反常警报就响了。反常警报只会在出现反常脑叶纹时才会响起，至今都没有响过。“这女孩可能是我一直在寻找的进化体！”Dr. D. 从椅子上跳了起来，赶到屏幕前。屏幕上出现了他没有看过的图：一对环抱的天使翅膀。这位实验人类的脑叶长得像一对翅膀，左脑室一扇，右脑室一扇，翅膀上的每根羽毛清晰可辨，每一根都规律地跟着心脏跳动着。

“这是什么？人脑？”“像是人脑里住着另一种生物。”“一个身体，两个灵魂?”Dr. D.兴奋地记录着眼前的一切，而机器内的女性实验体安静地等着，等着这位穿着白色紧身衣的陌生人度过兴奋的高潮。她想知道：他在快乐什么?

“扫描完成，将进行深层麻醉。”

“不，这个不用。这个不能受到任何伤害。她是我一直在找的答案。”Dr. D.对May喊道，May却不能理解，惯性地执行流程。麻醉针由床底转出，对准了实验体的第二节脊椎。“不，停止，停止！”在慌乱中，Dr. D.找不到紧急停止按钮。

他知道，一旦麻醉剂打进去，这个人、这个非人，就废了。不管她的脑进化程度如何，过量的神经麻醉剂可以轻易地让她的脑失去控制身体的能力。到时她的身体机能会停止，而脑也因此只能存活多一点点时间。

心急之下，Dr. D.拿起桌上的金属餐盘击向麻醉针头。针头被打歪，药漏了一地，荧幕上亮起了红灯，Malfunction: error: 404显示了出来。所有的机器动作都停止了。

“Dr. D.，是否要我通知维修中心?”May问道。

“不用，先把这个实验体退出来，我要好好地看看她。”

“Dr. D.，我必须提醒你，这是违反正常的实验程序的。

我必须通知控制中心，告诉他们这里发生了反常的行为。”

“先把她退出来，然后你要做什么就做什么。快！”

器材的玻璃盖被打开，实验人类被退出。她缓缓坐起，看着 Dr. D.。

“你是谁？为什么这么兴奋？”

“我是 Doctor Daniel，对你，Doctor 可能没有意义，所以你叫我 D 就好了，或者 A 也可以。你怎么知道我很兴奋？”

“我可以看到你的脑波很乱。不是那种悲伤的乱，是快乐时才会有的乱。”

“你可以看到脑波？脑波长什么样？你是谁？”

“我是 Zia，你也可以叫我 D。我一直都可以看到脑波，它们像水晕一样。生气时，它们是黑的；高兴时，它们是绿的；悲伤时，它们是蓝的……你说我是你在找的答案，你在找什么答案？”

[我猜]

“我猜你是进化后的人类。我称它为人类 3.0。我一直相信，人类还没有进化到下一个阶段。现在所谓的人类 2.5，只不过是人类 +。而你证明了我的理论。”Dr. D. 开始解释自己的理论给 Zia 听……与此同时，May 将异常情况传送给控制中心……

“报告，实验室 130 有异常反应，似乎，有所突破。”

“是吗?！把详细报告传给我们。”

人类 2.5 之所以愿意提供所有仪器，就是想拥有即时了解实验进程的特权。他们知道如果解出了世界大同的方程式，他们无法被挑战的优势会面临被分解的风险。三年前，最有权力的十三位人类 2.5（被称为新圆桌的绝对特权组织），在研究所的所有实验室的机器中设定了监视软件。一旦有任何突破，他们会立即知道。而在知道后如何利用这些信息的选择权，也握在他们手里。

在新圆桌成员的眼前，是最新的异常报告。“一个长有天使脑叶纹的女孩?”“Dr. D. 认为她才是进化的人类?”“只不过是脑叶异常成长罢了！难道可以强过我们的 superchips（超级芯片）?”“Dr. D. 的研究一直不被研究所重视，因为有太多偏见和个人观点，一点都不科学。”“所以我们应该忽略这次异常?”“还是小心点。启动实验室 130 的保护系统。再有任何异常报告，就把实验室封闭，让它沉入大海。”

“这是我的房间。”Dr. D. 带 Zia 走入实验室后面的房间。“说得好听一点，这里的学者都有自己的实验室与最好的设备。但其实我们都被监禁在此。不过，这里的景色还不错。”Dr. D. 指着窗外。“我的房间有无敌海景。因为整个实验中心就在最深的海沟中。”

窗外闪烁着如星星一般的光亮，那是会发光的深海生物。宁静的黑中，有星星点点的闪烁，也有流星般的光束……Zia静静地看着这个第一次见到的世界。

“我们每年唯一可以踏出这个实验室的时间，只有誓师大会。那天 Dr. Robert，这间研究所的管理者，将发表年年相同的演讲。到那天为止，你必须与我一同在这个研究室中，让我找出你脑部进化的原因。”

Dr. D. 不知道，在 Zia 的眼中，窗外的生物正在发出不同颜色的脑波。它们比人类脑波的波长要长，比陆上动物脑波的发射频率要慢。一阵阵一圈圈的光晕从每只生物的头顶发出。漆黑的背景，让这场如同烟火秀的表演剔透到令人震撼。Zia 看呆了，这种美她愿意每天看。

“你有听到我说的话吗？我们要一起被关在这里，直到下一次的誓师大会！”

“我了解了。这没有什么不好。”Zia 还是一样的平静。她的眼睛似乎可以看透一切。对她而言，一切仿佛都是小事，都是必经的事，没有必要担心、害怕或反抗。

“进化完的人类，情绪平静得令人不适。”Dr. D. 想着，“控制情绪是否是进化的先决条件？旧人类的愤怒与不平，人类 2.5 的骄傲与控制欲，让他们对环境的变化无感。无感，就不会想改变。想改变……想要改变，源自想要？”

“所有的事本来都是因为想而来，不是吗？”Zia 问。“是没错，但答案真的这么简单吗？”Dr. D. 想着。“简单有错吗？”Zia 再问。“也不是。但……你能听到我在想什么?!”“是啊！这不是每个人都会的吗？”“不是的，这是进化后才有的能力，你是进化后的人类。”Dr. D. 大声叫着。

May 默默记录着实验室中发生的一切，将这些信息打包再传给控制中心。她写下这样的标题：暂不具危险性的异常。

[新生]

新生活没有想象中那么简单。Dr. D. 无法拿捏面对 Zia 的准确尺度。她是实验的一部分，却一直表现出干扰实验的个性。Zia 对所有事都好奇却从不过问，只是安静地站着，听着 Dr. D. 的思想。Zia 对知识的吸收与运用远超 Dr. D. 接触过的所有人。不到一周，Dr. D. 脑中的八成知识与记忆都已经被 Zia 偷走。Zia 不太需要休息，每当 Dr. D. 熟睡时，Zia 就静静看着窗外的“星星”。她的眼神闪烁，像是在与外面的深海变相沟通。

“D，每天早上叫你起床的声音是谁发出的？我为什么看不到她，也听不到她的思想？”

“那是 May，实验室的研究助理。她是一个人工智能体，一种无机的生命。看不到摸不着，却可以控制实验室中所有的一切。May，向 Zia 打声招呼。”

“你好，我是 May，Doctor Daniel 的实验助手。而你是我们实验室的实验人类，对我没有任何价值。在任何时候，我都会以 Doctor Daniel 的最大利益为行动准则。”

Dr. D. 没有想到 May 竟然展现出情绪，而且是一种很明显的人类情绪：嫉妒。“人工智能有了情绪，不就是人工生命了？”Dr. D. 想着，“所以，现在我的实验室中，有一位没有多余情绪的人类 3.0，也有一个有情绪的人工生命。这两种现象都是未发生过的，而我正身在其中。这实在是最完美的实验状况。”

“May，通知控制中心，我不需要新的实验人类了，之前的资料已经足够让我建立对照组。”

“Doctor Daniel，Zia 只是一个变异体。在我们找到下一个变异体前，只能把她视为特例。而用特例来定义科学，是违背研究所宗旨的。”

“May，你从什么时候学会质疑我的命令？我要你告诉控制中心，我不需要新的实验人类了。”

“抱歉，Doctor Daniel，当您的命令违背实验室的宗旨时，我就无法执行您的命令。这是我的程序的一部分。”

“妈的！又是那群人类 2.5 做出的自大决定。如果现在不停止新的货物送到，我就要解释给 Zia 听为什么我可以以研究之名摧毁被随机选上的人类。”

在海岸线上，五扇铁灰色的方形巨门一字排开，每扇都有十五米高、五米宽。这些门由海岸线一路往海面延展，最后一扇在白色沙滩的边缘伫立，像是五个门神，守在实验室的入口。

白色沙滩连接着茂密的绿色森林，森林如期出现了骚动。鸟蹿起，兽狂奔，一队人马成纵队出现。带头的是一位穿着肌肉外套的白人，他的脖子粗到要环臂才能抱满。“快一点，时间要到了，门要开了，错过就要再等一个月。快点，我没有迟交过，也不打算开先例。我不要给那些 2.5 数落我的机会。”

"听到没，老大说走快一点。"一个瘦小的黑人吆喝着。"老大，你放心，交给黑皮。我一定会让他们准时到门口。"黑人扬起鞭子。

被称作老大的人的身后，跟着一列被树藤串绑的人，其中有男有女，有老有少有小。老大看着这群人，回忆起灭村的场景，不由得快感升起，满足地笑了起来。"选什么次等人，不都是人嘛。讲白了，就是给自己一个杀戮的理由。要不然，要如何控制这群人？贫民窟中的资源，塞牙缝儿都不够。要抗争，需要的是粮草。那只好牺牲那些没有战斗力的人。"

老大领着最新一批实验人类走上沙滩。他们的脚步在沙上划出无奈，空气中有悲哀的味道。"把人分好，每个门前站二十七个。"老大吩咐着。于是，每扇巨门前，站着二十七只新的白老鼠。他们仰望着门，感到十分害怕。每个人都知道，没有人进去后从门里出来过。

正午，门内传来机器转动的声音。五米的门，左右对开。海岸的风，一下子被门内的真空吸了进去，让门前的二十七人东倒西歪。"门开了，赶他们进去。"每二十七人的后面，都站着一排孔武有力的旧人类，他们举起身旁的木矛，不问是非地往前戳。"再不进去就把你们戳死。反正我们已经送到，死活没关系。”面对后面可能即刻到来的死亡，一百三十五位实验人类害怕得跑进了巨门。门被迅速关上，机器声再次响起。

“我还记得来到实验室的路。”Zia突然说道，“进入巨门后有一条输送带，把我往前送。路上很黑，路途向下。我不知道传了多久，只知道慢慢失去力气，直到再也站不起来。当我彻底失去站起来的力气时，我落入一个洞。洞内很冰，很滑，很陡。落到底后，我就出现在实验室中，躺在钢床上。每个来这里的人都会经历这个过程吗？”

“这我不知道。我只知道你们进入实验室之后的事。”

“告诉我，你对来这里的人做了什么？如果都像对我一般，这间实验室中应该还有别人？”

既然Zia看得到脑波，也听得到思绪，Dr. D.只能告诉她实话：“我用仪器画出他们脑叶的立体图像，然后麻醉他们，将他们的脑取出来继续研究。所以除你以外，所有的实验人类都已经死了。”

“死了，他们为什么要死？”

“为了科学，和人类的未来。”

“是为了你自己吧？我看到你脑波转为黑色。你也不认同你自己说的理由。要不然不会感到悲伤……那你为什么没有解剖我？是不是你已经找到了答案，所以不需要再做实验了？”

[不对]

“不对。在这点上 May 是对的。截至目前，你是第一个脑叶图纹出现异常的实验人类，所以只能当作一种变异。除非有第二个人也这样，否则实验还是要继续。我需要确定你的进化是不是一种常态，就算比例很小。我是科学家，我不能被情绪控制。”

“Doctor Daniel，12 月的实验人类将于五分钟后抵达。”

“把 Zia 锁在卧室内。准备做实验。”Dr. D. 交代 May。

机器手臂将 Zia 推进卧室。门被关上，锁死。

“给我待在里面。”May 带着骄傲说。骄傲，另一种人类才有的情绪……

Zia 没有出声。面对不能改变的事实，她冷静面对。她转身面向窗，再次看着外面的星星。星星们仿佛知道自己被需要，全都围了过来，将窗外点亮如昼，也把 Zia 的影子投射到被锁上的房门上。

“Doctor Daniel，是否按照之前设定的程式开始实验?”May 恢复礼貌的声调，扮演着专业的实验助理一角。

“是，就照以前的模式开始吧。”

钢床上躺着一个白人男性实验人类。他有些上年纪，眼角留有风霜，惊恐地看着眼前的一切。“你要对我做什么？可以放我走吗？我和你一样是人！不是动物！”钢床往前送，玻璃罩盖住男人，男人的声音被完全阻绝。

Dr. D. 走近，把脸贴近玻璃罩。“我和你不一样，我是一名科学家，而你只是我的实验人类。”屏幕上显示这位男性的脑叶图非常平凡，如同在 Zia 前面的九百九十九位实验对象。“上麻醉，取脑。”Dr. D. 对 May 下达指令。“又浪费了一个月。”Dr. D. 喃喃自语道。

May 传送这次的实验数据时，加上了另一个封好的包裹，标题是: 130 实验室状况：一切异数排除。

之后的一个月，Dr. D. 没有再进入卧室，也没有打开卧室的锁。实验室与卧室本来就有两套维生系统，所以即便不接触，维持两个人的生活所需并不是问题。Dr. D. 恢复了科学家的本性，只透过监视画面观察 Zia 的一举一动。从远方观察

Zia 是一件非常无聊的事，多数时候她一动不动，只静坐在窗户前看着黑暗。唯一有变化的是窗外的星光。由一开始如银河般的景象，慢慢转变成越来越大的光束。最近几天，聚集在窗外的光束已大如满月。

Dr. D. 虽不是海洋生物专家，却也知道此时窗外聚集了许多巨兽。这些不曾出现过的巨兽是被 Zia 吸引过来的，还是被 Zia 唤来的？这两件事，存在着完全不同的结论。

一月转眼就到。这次的实验人类是一位黄皮肤的小女孩。目测 10 岁左右。沿途的剧变让她失去保持清醒的勇气，躺到钢床上时已经昏迷。她不知道，在梦中，她的脑叶纹被评估为平凡，而麻醉剂宣告了此梦不醒的判决。

Dr. D. 看着她还未发展成熟的脑，再次质疑自己身为科学家的道德。“或许我该与 Zia 再聊聊。观察她一个多月，也看不出什么变化。为了科学，我应该再跟她聊聊。了解她如何与其他生物沟通，也许就可以知道 3.0 的人类适合活在什么样的环境下。”

“May，打开卧室的门，我要近距离地观察 Zia。”

“Doctor Daniel，你是要与她聊天吗？”May 犹疑地问。犹疑，另一种人类情绪。

Dr. D. 听出 May 回复后的情绪。“May 愈来愈像人了，准确地说，她越来越像女人了。而与女人相处，不为我所擅长。”Dr. D. 想着，“我需要与她对话才能知道窗外的生物为什么会集结，是不是她叫来的。而知道这个答案会让我理解进化后的人类身处万物中时如何自处。”

Dr. D. 发现自己不自觉地开始与 May 解释自己行为后面的逻辑，这让他感觉害怕。“May，开门，这是命令。”Dr. D. 大声叫了起来，想要借由声音赶走内心的不安。

刹那间门开了，Zia 回头，等着 Dr. D. 踏上她的影子。

“Zia，是我，Dr. D.。”Dr. D. 心虚地说。这间实验室里没有别人，不会有别人。“我想与你谈一下。”Dr. D. 的脚踏在 Zia 地上影子的头部。“我是一名科学家，凡事都讲求证据。”Dr. D. 踏出第二步。“所以很多在别人眼里无法了解的事，都是我必须要去了解的。”Dr. D. 踏出第三步。越靠近 Zia，Dr. D. 解释得越多。“今天怎么一直在解释，一直在与女人解释？我怎么会需要解释？”Dr. D. 想着。

“你会主动解释，因为你想从我这里得到一些答案。”Zia

低声说，“我会给你想要的答案，不过，不是因为你解释了原因，而是因为我想。”

[念动]

“念动，就能化成行动。这是我第一天就告诉你的。我不知道你口中的 3.0 人类是谁，是不是我。但我可以告诉你的是，只要我想要，用心用力地想要，我就可以得到。”“所以你是吸引了鱼来，还是叫它们来的？” Dr. D. 急切地问。

“我想的只有一件事，就是能与窗外的星星聊天。被关在这房间后，也没有别的事可以做。能做的，只有看窗外的星星。久了，我就发现，星星会因为我的念而动。接着，旧的星星叫来了新的星星。越聚越多。前几天，我想，既然星星都来了，可不可以有月亮在窗外？想着想着，月亮就出现了。所以，你的问题的答案是，我想，星星就来了。”

“所以你可以控制另一个物种！你凌驾在食物链的顶端？3.0 人类的生活方式就是主宰万物，神格多于人格。”Dr. D. 兴奋地说。

“我没有要主宰任何人、事、物。我只是我，只是专心在想我想要做的事。每一个生命都是个体，你为什么这么想要控制它们？”

“你不懂，不懂你的能力可以让你有多大的权力。但我懂，所以我要进化到3.0，然后主宰世界。”

“我是不懂，但我知道这种想法并不会带来进化。”Zia转过头，恳切地看着窗外。“我现在想要在窗外看到太阳……”

“你要召唤太阳！天哪！那会是多庞大的巨兽？快点告诉我你的成长经历。我要知道你是如何进化的！”Zia没有回答Dr. D.的质问，默不作声、专注地看着窗外。

“拜托你，我们能聊聊吗？你不讲你的成长历程的话，可否告诉我进化的条件是什么？”

Zia依然没有任何反应。Dr. D.气愤地直抓头，不知道要如何对待眼前的异数。“Doctor Daniel，要不要我调出之前Zia的脑叶纹3D模型？会不会对你有帮助？”May的声音传来。“对，我是一名科学家，既然已经确定3.0的能力是心想事成，我就可以用科学的方法与逻辑解出构成这种能力的原因。我不需要与Zia互动，我是科学家。”

“May，调出所有数据，重点放在影响精神活动的神经元与神经细胞，我还要知道Zia的脑沟是否比一般人深。是时候让这间实验室发挥实验的功能了。May，我们一起来找出进化的答案。”

实验室亮如白昼。所有的屏幕都显示着Zia的脑部断层。每一个角度，每一个面都展露无遗。“Doctor Daniel，比较异常的是，实验体的脑沟深度是平均值的两倍，脑回的复杂度是平均值的三倍，脑叶的密度是平均值的四倍。”May 报告着分析结果，“也就是说，Zia 的脑相当于两百四十个平均脑的总和。”

“进一步的分析证实，实验体的皮质锥体细胞超过一百亿个，传递的突起连接经估算，数量超过 10 的 25 次方。”May 继续报告，“这表示，Zia 的脑力已远远超越任何已知生物，但奇怪的是，她的身体结构却没有明显的改变。不知道她要这么强的脑力做什么。”“以这些数据推算，Zia 应该可以独立操控每一根头发，让它们做出精密的动作。”Dr. D. 回头看着坐在窗前的 Zia。“心、念、精、气、神，没有一个有完整的科学数据。我又如何做出分析与判断？”

“Doctor Daniel，明天就是一年一度的誓师大会，请做好准备。”May 提醒 Dr. D.。“对喔！一年又过去了，明天可以暂时离开实验室。要不要带 Zia 一起去？如果带上她，要如何和众人解释？在得出结论前，还是不要让 Zia 出现，以免让别人抢走我的研究。”

“May，准备年度报告。报告内剔除异数实验体。目前，我的研究还是 inconclusive（无定论）。”“了解。Doctor Daniel，我会按照您的指示准备报告内容。”屏幕一个个暗了下来，Dr. D. 在电脑椅上沉睡。May 准备好报告，寄给控制中心。按照惯例，依然附上告知近况的包裹，标题是：130 实验室状况无异常；一切回归正常。May 刻意隐瞒了窗外的异变与 Dr. D. 的私心，再次展现出人类的情感：自私和爱。这个人工智能已经异常，而 130 实验室中，没有任何的正常……

这个故事暗示着，我们如果没办法实现科技和人性的平衡，将会进入一个痛苦且难以满足的世界。我们可以利用机器减轻我们的负担，让我们轻松一些，但同时要保持我们的独特性和思考。这是一个成熟的故事，和玩具完全无关，故事中的冲突告诫我们要避免品牌过度年轻化，方可让无形价值顺利转变为财务价值。

●吉祥物故事

当设定好基本故事，便可开始撰写吉祥物故事。吉祥物不需要实际形状，甚至无须可辨认的身份，仅需要和品牌有清楚的关系，它可以是 Zia 头上的贝壳发饰，Dr. D. 电脑开机的标志，甚至是和 Zia 对话的“星星”，关键在于：这个形象容易被记住。

回顾故事内容，Zia 唯一的朋友是实验室外有着光的鱼（灯笼鱼），而光是显示和投影科技的基本元素，因此，何不把这些光设定为“你”的吉祥物？现代的吉祥物需要立体的外形，为未来以动画呈现时做好准备。光芒清澈，具有反射性且包含自然颜色变化，当以动画呈现时将提供相当不错的美感氛围。

当使用者拿出车钥匙，e-paper（电子纸）上将出现一道光芒；当他们使用钥匙，钥匙会发亮；当他们进入车内，智能屏幕会像日出一样亮起。光芒还可以有很多玩法，以反弹动态围绕，或可以产生许多可爱生动的动作。

The story of Zap（the light sparkle friend of Zia）

我看到那个女孩，静静地坐在玻璃前，望着这没有阳光的蔚蓝。她似乎没有看到深海里的孤寂，反而看到天空的自由……

“好啦！不要想那么多，先去找她聊聊天。”

Zap 是灯笼鱼头上挂的光。

“老大，往女孩那去啦，不要再往深海中游。我们已经在深海里了，再深也深不到哪里去。”

Zap 坚持自己原有的想法，却老是忘了自己与一只年迈的灯笼鱼共生。

“你看，其他人都过去了，你为什么不过去？我要过去与她聊天啦！”

不论 Zap 如何叫，如何扯，老灯笼鱼固执地往另一个方向游去。

“我不管了，我要离开你。我还年轻，我要去跟那位女孩子聊天。你知道在深海中碰到女孩有多难吗？”

Zap 拼命地跳动，终于挣脱了灯笼鱼的控制。他感觉到他脱离了灯笼鱼的触角。在他离开的时候，他看到了他原本待的位子上出现了另一颗光团。Zap 越来越暗，他只期望海流尽快把他带到 Zia 的眼前。

“就算要消失，我也要让她看见我的存在。”

当 Zap 靠近 Zia 时，Zia 把头转向 Zap，用清澈的眼睛看着他。

“你好，我是 Zia，你是？”

Zap 的脑中响起 Zia 的声音，那与他想象中的一样好听。

“你好，我是 Zap。我想在消失前看看你。在深海中，很难看到漂亮的女孩。”

Zia“扑哧”一笑，笑声也传进 Zap 的脑中。

“我看海这么久，你是第一个让我笑的。放心，我不会让你消失的，进来陪伴我吧。”

Zia 伸出手，把 Zap 引入掌心。说也奇怪，一进到 Zia 的掌心，Zap 就又亮了起来，而且比以前更亮。

Zap 高兴得上下跳动。

“我又复活了，还在一个美女旁边复活。”

“你放心，我每天都会逗你开心，每天都会让你 have fun（玩得开心）。”Zia 对于 Zap 的天真表现报以微笑。

“那以后就叫你小逗了。多多指教。”

“小逗，小逗 Zap，我喜欢……”

类似上述的故事可以将吉祥物融入原有的故事框架中，使之成为完整故事的一部分，进而让使用者将吉祥物视为一个不可或缺的部分。

品牌故事和吉祥物故事必须有一致性，这样不需在宣传和教育大众时投资两次，统一的故事也不会让大众混淆。

品牌吉祥物的特色细节可以应用于其他设计项目，例如车外灯、车内灯、钥匙、品牌图示……若我们不断重复此吉祥物的细节，吉祥物的形象可以因此更鲜明生动。

光并没有具体特定的形式，因此“你”可以将它转换成任何概念，例如满足小男孩愿望的机器人、庆祝中国新年的猴子……做到这些，我们不需要形式上的机器人，而可以以 3D 形式重新设计光元素。

●客户心态定位与沟通方式设定

“你”针对的目标群体是 i 世代，这是一个重度使用自定义智能设备的族群。他们乐于分享并能快速吸收新价值。这些特色让他们成为“你”重新定义产品时的最佳受众。但这个群体的组成复杂，较难准确辨识。他们没有年龄、性别、教育、文化甚至地位的明确切分，唯一的共同点是对于

“new things”（新事物）的兴趣，而新事物不尽然是他们以前没看过的东西。这个受众群体通过网络已经看过世界大部分东西，给他们新的东西，意味着设计似曾相识却能带来全新感受的新鲜体验，正如 Havaianas 以时尚的图纹重新设计日常可见的海滩拖鞋，成功让 i 世代爱上一样。需要注意的是，一旦无法持续提供新的体验，i 世代会很快将目光转移到另一个品牌上。此受众群的品牌忠诚度较低，他们往往很快从对一个新事物的热衷迁移到对另一个新事物的追捧上。通过诱使他们养成使用“你”的产品的习惯而赢得他们的心是关键所在。一旦养成习惯，品牌对他们的黏着度就会提高。

由于这群消费者的信息皆来自 smart device（智能设备），我们在传统媒体上投放广告将毫无意义。经过设计的社交媒体活动会是最有效的方式。在开始规划社交媒体的宣传活动之前，也别忘记我们已有的交流沟通平台：车内的智能屏幕。

i 世代渴望原创内容，不管是音乐、广告，还是视频，这也是我们以连续剧的形式设计品牌故事的原因。如果我们可以以使用电动汽车为基础，创造鼓励所有车主参与内容产出的环境，将会让他们愿意花更多时间在车上，他们因此获得的丰富驾驶体验也能成为社交话题。“你”的电动汽车的沟通重点应该放在“fun”（有趣）及“futuristic”（未来感）上，它不是廉价车，也不是代表经济款选择的小型车。在所有的沟通活动中，我们必须不断重申这一说法，我们所有关于设计和生产的思考也需要支持这一沟通重点。切记，i 世代消费群看不上任何假的沟通手段。

●年度传播主题设定

2016 年不会是好的一年，经济形势将会放缓，尤其在前两季度。从第三季开始，总体增长将逐渐攀升。这意味着今年上半年仍将存在恐惧因素（fear factors），而希望因素（hope factors）会在下半年出现。应用于行动上，在众人恐惧时我们提倡希望，在众人希望时我们传播恐惧。2016 年上半年，我们的目标是不仅是将“你”定位为一个“电动汽车品牌”，而是“绿色生活方式的设定者”。初步的方向是，在 2016 年上半年，在官方网站和社交媒体网站上举行一系列的幸运抽奖。

首先“你”需要选择二十八项符合“你”的精神的产品（需要挑选能体现你的品牌价值的产品，一般人在市面上最好难找到、难买到这些产品），然后每周定期发出有关“Green Life Style”（绿色生活方式）的相关问题。回答正确的人可以参与抽奖，赢得产品。凡是“你”的车主每次可以有三次抽奖机会（只有使用“你”的车主才有这项权利）。

通过这样的做法，我们能够建设一个绿色品位平台，让消费者知道绿色的生活方式不仅对地球有益，也是一种时尚趋势。这个动作的好处是将这些精选商品的品牌价值转移到品牌上，同时鼓励大家的参与。在“恐惧”的市场心理条件下，美好且免费的东西总能让人愉快。

2016 年下半年，由于希望因素开始增加，我们将采取另一种沟通方法：用随机 Pop-Up 的方式，让产品走进市场，让人和车进行实体互动。车将作为最后的重头戏出场，使用者将想要和它们合照并主动在社交网站上分享。对 i 世代来说，来自朋友或社交圈的意见往往能决定他们是否信任某个品牌，这些意见比媒体或供货商提供的信息更有效。有时候，仅仅是一张有趣的照片，就能引发他们对产品的兴趣。

●线上、线下环境设定与执行方法定义

“Bi-cultural experience”（双文化经验）对品牌来说是必需的存在。线上、线下体验如果分离，将不能满足市场的需求。使用者想要的，是将线上看到的有趣对象实际地应用在他们的生活中。这就是很多奢侈品牌开始在线上建构和品位相关的内容的原因，使用者在线上看到这些内容后，更有动力在线下体验这些品牌。旅行指南和美食评论也是很好的例子。车内的智能屏幕是具有非常高价值的沟通资产，它应作为 .tv 被利用。品牌的其中一个诉求是不论谁拥有“你”的车，都可以享有“你”的品位、娱乐资源和提倡的“lifestyle”（生活方式）。我们可以以“逗留”为核心概念，打造旅游软件和应用工具，透通过内设的软件系统支持用户探索一百八十公里半径内的生活空间，让用户造访由不同景点组成的生活空间。这并不是新的概念，LV 已成功运用此概念增加客户对品牌的忠诚度并吸引新顾客，但对市场上的许多品牌来说，这个概念却常常被忽略。

【案例分享】好感“动”的 Louis Vuitton！

图片出处 / Louis Vuitton

2015 年 LV 推出 VLine 系列，传达的不是旅行精神及文人气质，而是符合 VLine 系列的特性——动感生活。LV 以网络视频为宣传媒介，邀请不同领域的专业人士用个人的身份故事来替品牌说故事。日本数字艺术家黑川良一的新形态动感创作与专业滑板好手 Alex Olson 的滑板运动完美结合，与 VLine 系列的个性特色完美呼应。

●展示逻辑设定

至关重要的是整合线上和线下的氛围。因为线上环境没有空间和特别的限制，因此我们将使用线下氛围作为“tone and manner”(基调与风格)，将正确的产品放在合适的时间、合适的环境以大大提升产品形象。我们首先要回答的问题是：我们希望谁看到“你”？我们想让他们在哪里看到“你”？我们想要如何让他们看到“你”？这个“谁”应分解成两个群体：已经将“你”视为一个品牌的人和还不认识“你”的人。

在第一阶段，我们将忽略那些已经知道“你”但还不认为“你”是一个值得关注的品牌的人，原因是，与其花时间说服那些对“你”已有既定印象的一知半解者，还不如尽我们所能去打动那些能接纳“你”融入他们生活的人，借由这群人让那些还不认识“你”的人看见。设法改变那些对“你”已经存有负面观点的人将耗费过多资源和力气……

在这个方案的后面，还有许多和设计、营销相关的建议和落地方式，在此不展开。因为那与这个客户的品牌弱点息息相关。虽然最终没有服务他，但也不可以伤害他。现在我在做的设计，多数都涵盖多个层面和区块。我也还在寻找最适当的服务方式。还未承接客户时，所提出的可能性客户通常都会表示每个都是他想要的。一旦答应承接，身在漩涡内，就只是半个内部单位。不是客户的自己人，也不全然是一个外人。处在这个尴尬的位子，会完全无法发挥自己的长处：高度观察能力与高密度的解决能力。离得太远，又无法掌控落地的方式。尤其当服务面广、对接单位多时，一不注意，战线就会偏离原先的轨迹。

十五年了，我还是不清楚，到底要怎么做创意才能有最大的综合成效？

Re:

Re：未来

我所做的创意太独特，完全不可能被复制，所以找不到最适合的方式来执行。我不可能做一个客户就完全定点在客户那儿，虽然这是最直接也是创意得以被正确执行的最佳方式。

有客户提醒我："其他的配合单位虽然不一定有你的高度，但随传随到。"我却认为，可以做到随传随到的人，一定不是很忙。不是很忙，表明利用价值不高。利用价值不高，在市场上能提供的价值就很容易被取代。看到人在眼前才放心是因为惯性，是出于一种在成长过程中所培养出来的对安全感的渴求。知道自己不成熟、资源不够，需要依靠外部的帮助，却又嫌外部的动作不够快、对内部不够了解。

这些都是自我设限。我们要认识到，每种东西都有局限：灵魂被肉体局限，生命被时间局限，环境被地球局限，地球被宇宙局限，有限被无限局限。但每一个局限，都含有冲破的可能。精神上突破自身的局限，就是一种领悟。它们构成一种对位的逻辑关系。

没有人会比当事者更清楚所有的状况，也没有人的反应会比当事者更快。以我的公司来说，所有的决策都可能朝令夕改，只因为我的直觉做出了不同的判断。可以这样做，是因为我要对公司负全责。在成长的过程中，也时常碰到资源不足、人不够成熟的状况。在那些时候，空有想法，却无法靠内部力量执行。试过与外部单位合作，每一次都会出现不同的问题。

最后还是自己来，不贪心。就算小，也要确保核心完整、实在。也因为这种做法，公司不会大。但对多数可以负担我们费用的客户来说，不管用任何方式，成长都是必要的。而当成长到一定的规模，营销绝对是最重要的。营销做的，是从“1”到“99”的大落地。它讲求的不是正确或精准，而是速度和大量。

可以执行这种项目的配合单位非常多，而他们多数以**“低价接量”**作为运营模式，因此他们找的人是“快手”而非“快脑”，在服务客户时求的不是多想，而是先做。这用在“1”至“99”的阶段不会有大错，但用在“0”到“1”的阶段，会出现因“创”不完整而造成品牌基础结构松散的问题。因为松散，所以很容易变形或被取代。

我擅长的是做“0”到“1”的事，和他们唯一的重叠点是“1”。科学、政治学、传播学都告诉我们如何预测“极大”。单个分子的运动不能预测，单个人的决定不能预测，单一的诉求不能预测。事实上，社会、经济、生活，如之前所提，已经从“众”的形态进入了“微”的形态。大家都看得见这变化，至少也感觉得到，但多数人不愿意面对。这个改变昭示着之前所有的惯性、专业、经验都要被推翻。如果不推翻这些经验和惯性，如何能进入新的世界？难道一定要等到全面崩盘，既得利益者才愿意觉醒？

面对这刺眼的新，所有的企业、个体都必须升级，不管愿不愿意，即使被逼着做这件事。再落后的产业也必须升级。注重营销的企业都有相同的借口：“你不懂，我们这个行业的经销商和客户档次都很低，现在做的已经是他们所能接受的极限了。我们需要他们的支持。至于广大的消费市场往哪里靠，我们看到、知道，但还用不到。”当从“1”这个点开始，你就把你的受众当成一群次等公民，又有何立场可谈品牌的正向价值？难道网络的盛行与信息吸收的暴增不会令受众成长？在地球还未变热、变平、变挤的时代，这价值的差异，会因地域的限制而各自发展。但信息传递方式的改变，令屏幕成了任意门，弹指之间通往世界的每一个角落。人有了更多的比较，所以更敢发声；人更容易找到同好，所以勇于反弹。当地域的限制消失时，个体更容易找到甚至是创造符合自己意愿的群体。**这时，就要了解如何看懂“1”，而不是惯**

性地不去想“1”。

“1”是什么?

目前的科学能准确预测的都是极为复杂的。台风何时来、将带来多少雨量，可以预测。但一滴雨落在哪里、会有什么效应，则难以用科学理性判断，最多只能在看过资料后凭直觉判定。这就如同是否要放台湾地区经典的台风假的决定。你可以戴上“民众安全至上”的帽子，免除要下没科学依据判断的勇气，也可以用直觉判断，并面对可能被有心人士挑刺的放假但台风并不强的结果。虽然，我们会因为自身的立场和利益，被“大我”左右，但在现在的市场环境下面对着一群身处乱世中的个体打安全牌，是明显的极权和懦弱。这种做法在大企业中，尤其是白手起家的企业中最为常见。这不表示它的事业不会成功，只是在这种心态下，再成功，他们也只拥有一个“大牌”，而不是一个“品牌”。

“1”在商业上是什么?

苹果是我认知的企业中最了解“1”的。以 iPhone 来解释：这是第一台照顾到“1”的需求，却还是满足大众渴望的科技商品。它照顾“1”，在表面上可以定制化，可以根据不同的使用需求、心情、文化而变化，从而令消费者拥有属于自己的、与众不同的私人用品。但事实上，苹果的定制化只是经过设计的假象。

iPhone 的外形是不会变的，变的是别人开发的周边商品；iPhone 的内容是不会改变的，变的只是在平台上的共利厂商推出的软件。虽然没有完整地符合“1”的需求，这一半的假象加上经过完善设计的外观、使用模式、营销方式、人文包装，已经能让这个 80 分的商品得到 120 分的认同了。苹果并没有因为市场惯性而认为所有的“1”都一样，它也不会因为经销商地域或档次的不同而在“0”到“1”的准备工作上偷工减料，更没有因为其他科技用品将自己定位为快消品而降低自己的质量和质感。

放弃自我立场与认知很难，但其实进入新世界就意味着只是让自己回到“0”。回到“0”对还未享受成功的人来说一点也不难。因为他的生活离成功还有一定距离，不时地回归“0”、推倒重来是必定会发生的事，多数时候甚至不是自己可以决定或选择的事。

回归“0”对一个成功者来说却是万分困难。这有点像是一位武林高手，为了达到可能领悟的更高层次而决定自废武功。难，因为好不容易度过了探索期，因为可能失去已习惯的一切尊荣，因为不确定自己是否可以超越现在的自己。面对这一题，可用的不是理性而是感性。决定、咬牙、放弃、承受、接受、再起……都在一念之间。

以结果论，多数有勇气和高度放弃过往经验的成功者，最后都会有一片更大更蓝的天。但谁又知道，少数的失败会不会发生在自己身上？这样的同理心让我不忍与客户有太激烈的拉扯。缘分未到、时间未到、人心未到的时候，谈从“0”到“1”，根本就是天方夜谭。

当无法继续从商业的角度谈判时，可以用文化的角度来看未来自己可以如何做创意。文化在谈的，是看懂自己：看懂自己的生存理由，自己和社会和世界的互动关系，自己身上无限和有限的关系。这呼应了“文”，一种传承上的沟通；也呼应了“化”，一种认知上的转变。但要把文化变成生意，或在生意中融入文化，要做的第一件事却是放弃自己。放弃自己过去的成功经验，放弃自己已建立的身份地位，放弃惯性中的自我意识。因为，站在文化端看生意，难免不平；站在生意端看文化，总是不屑。不先放弃自己，连建立良好的第一印象都没有机会。

我试着用马云的话来解释我的对位主义（本位主义的相反逻辑）（因为我本身还没有成功到让多数人信服）:

1. 比起一流的创意、三流的执行，我更喜欢一流的执行、三流的创意。

对文化巩固者来说，这清楚地点明他们在尝试文化生意时遭遇失败的主要原因。当创意者完全以本位主义评估创意，常会钻进“创意即代表我的人格”的牛角尖。文化的个人化价值不在于如何特别，而在于如何转换成有效的感染力，而有效的感染力在任何资本市场都以实际商业上的执行结果为衡量标准。

对生意人来说，这句话提醒他们，一流的执行至少要搭配三流的创意才有价值，而不是听话的人提供的不入流的创意。创意是文化的一种形态，有着一定的特性，而反骨、自傲、执着是它的三个基本态度。如果为了方便执行而选择听话、自卑、随便的创意，绝不可能造成任何质变。没有质变，生意就还是单细胞生意。

2. 一个好的东西往往是说不清的，说得清的往往不是好东西。

有着小成功的生意人（最常用文化“急就章”的对象）最害怕看不到现成的景象，所以喜欢用自己的认知定义自己的生意所需要的文化。问题是，如果文化可以被这些需要者看懂，就一定还只停留在“文”的阶段，而未进“化”。更直接的说法是，这些有着小成功的生意人，都还未进步到“大格局”，因此还没有找到自己的定位。他们处世的方式不是过于保守，就是过于激进。

因此他们虽然模糊知道看不到的文化才有商业价值，却不敢说服自己相信前方的未知值得自己放弃过往的惯性。在马云之前，世上最伟大的科学家爱因斯坦就已经说过：“我们所能经历的最美好的事情是神秘，它是所有真正的艺术和科学的源泉。”很可惜的是，这个提醒在众人对资本的欲望面前，一直被刻意忽略。

明知道这是商人的惯性，文化从业者却不懂得如何或不愿去和商人们说清楚“说不清楚的文化”才是商业化的第一守则。因为获利的受众不会是文化人。获利的受众通常是商人，借由文化的夹克，包装一个没有足够文化内涵的内容，便于贩售给一般在求生存的小民或是穷到只剩钱的商人。对于还在求生存的小民，生活都还不美好，所以一定是以买菜送葱的心态面对文化。但对于穷到只剩钱的商人，看不懂没有关系，只要自己喜欢就好。

对投资“文化包装”的商人来说，一定是要以买菜送厨师的看法评估文化投资。当这种眼界成为沟通的前提，文化人再讲不清楚文化卖的是什么，只会在商人们的怀疑之火上不断加油。这也是多数文化工作者有志难伸的根本原因。

3. 80 年代的人不要跟 70 年代、60 年代的人竞争，而是要跟未来，跟 90 年代的人竞争，这样你才有赢的可能。

向未来挑战，是文化的真谛。文化的转变是为了让这个时代或下一个时代的人了解之前所留下来的软价值。这是转化“文”的人所需要的想象力。想象未来需要什么，未来会以哪种价值为导向。当我在文化、知识、经验、体验中迷失时，一位老朋友，同时也是一位爱因斯坦迷（我开始研究爱因斯坦也是因为他），送了我一句他喜欢的话：“想象力比知识重要，因为知识是有限的，而想象力概括这世界的一切，推动它前进，并且是知识进化的源泉。”严格来说，想象力是科学研究的源泉。

这是我读过的对文化的意涵最贴切的解释。知识是每一个世代为了在那一个世代中过生活、讨生活、求存活所设计出来的框架。他们设计框架的用意都一样：让生命可以延续得久一点，日子可以过得好一点、爽一点。而人的生活时间会随生命流逝而不断减少，当年岁渐长，要接受新世代的观念和价值就越困难。困难到常需要用革命的手段进行突破。

新世代之所以会与旧世代交织，是因为一个很现实的状况：资源掌控在旧世代的手中。要做“文”和“化”的转换，都需要“本”。而构成“本”的除了金钱，还有关系和地位。这些并不单凭梦想或热情就可以得到。东方的经济结构令老而不退不让的潜规则根深蒂固。八成以上的资源都被 40、50、60 年代生人掌控。走向台面的 70 年代生人表面风光却没有实权。文化转变因为必须具有未来性，所以多是 70、80 年代生人在推动。他们中间只有极少数人有机会、运气和实力得到“456 年级生”的信任。这些幸运者虽也在做文化事业，但用一种“456 年级生”可以懂的方式做，用一种较为商业的模式转变着“文”。这对于未进入信任圈的人来说，会造成酸葡萄心态，因为他们不会认为这是能力问题，而认为是关系问题。但关系与信任，却是产出文化设计时一个重要的环节。如果没有这种体悟，是不会了解如何拿捏文化与商业的平衡的，造成就算要把机会外放给还未得到商场信任的创意者，也没有适当对象。所以文创一直都只是一场赌博。赌的是昙花一现，而不是有系统地建立接轨未来的非科班软实力。

文化，也一直有外设的局限。一人的文化局限于心，一人对多人的文化局限于规，多人对多人的文化局限于矩。不论心、规，还是矩，都是教育造成的，造成每一个地区发展出不同的轻重，带出不同的价值，定义出不同的教育，因而塑造出不同的文化风貌。是否所有文化的本质都一样，都以个人和社会对环境与世界的看法为论点，叙述它们存在的价值，就如同所有宗教的教义都以善行为核心、以大爱为目标，只因为地域和时间的不同，在包装上呈现不同的面貌？

文化如果在本质上都一样，就可以解释为何不论是自己的还是异乡的文化，对大众都有一定的吸引力，也可以解释为什么不需要语言解释就可以与接触者沟通。因此，限制文化进化成生意的，并不是文化的本质，而是教育。文化的“本”有着绝对的吸引力，稍微做些“文化正确”的包装就能成为生意。但要想得通“文化正确”，首先要把所有填充式的教育抛弃。

东西方在使用文化的成熟度上有明显的差异。东方习惯把文化当成一位不可冒犯的长者，使用文化的所有行为需要始于礼、止于礼。这与东方传统的极权式教育有直接的关系。在这种教育框架里，文化作为人生存于世的理由、“对价”，不可以轻易个人化、个性化，而这导致了即使经过落寞、破坏、崛起、再跃进，企业还是很少以文化奠定自己的身份。

绝大部分的产业都不需要太多“文化”，不管是以人力为基础的农业、以流程为核心的高科技产业、以政策为基础的重工业，还是以复制为基础的餐饮业。

在这种背景下，文化自然被定格在身份装饰这一层面。企业往往在成为产业龙头后才会获得收集（还不是使用）文化的门票。因此，收藏艺术品、古玩是东方顶级企业家的共同嗜好。但在收集后是否可以悟、可以打破被限制的局面，就得完全靠个人造化了。我最常看到的不是悟，而是大手笔地成立私人收藏的展览馆，用市价来证明自己的文化值。

反观西方，文化从出生伊始就已存于生活之中。没有人把文化当成“神主牌”，文化也没有任何使用规定，大众不需要用社会地位换取门票。在那里，文化被教化成生活的一部分。去逛博物馆是一种生活方式，是为了自己，而不是为了交作业或加入文青一族。

俄罗斯的华丽，威尼斯的地理，米兰的时尚，巴黎的浪漫，纽约的包容……这些文化不需翻译，便能自然流入接触者的心田。每一个接触者都有权利，也会自然地利用这些文化，创造出带有自己风格的生活态度和生存意义。所以，不论富足、衰退还是面临挑战，西方的商业帝国一直有着以文化为底蕴的传统：可口可乐以欢乐为文化，苹果以不同为文化，谷歌以连接为文化，维珍以颠覆为文化……一直到最近，西方把自身所体验的文化转换为商业核心的奇迹。不同于东方的刻意，西方经过长久的自由精神的熏陶，已经让文化变成自然。

大家都在谈文化。政府谈文化，认为国家软实力的发展要以文化为本进行创新（当然，我对于文化加上创新这一种不合逻辑的产业定位并不认同）。企业谈文化，因为看到许多不知道从哪里冒出来的文化生意有着极高的获利空间和影响力，急着想要分一杯羹，希望在文化的基础上加上自己的生意头脑，为原本的企业镀上一层金。文青谈文化，因为这是他们唯一有的特点，他们也用“文化”解释他们出淤泥而不染的处世原则。但在坚守文化洁癖的同时，他们也带着买乐透的野心，默默地希望有一天可以在不弯腰的情况下得到不肮脏的权力、金钱和地位。

我谈文化，以“乱”为出发点，而不只是出于政治、商业、艺术、自傲……我从最适合获利（影响力和投资——回报率）的角度及任何可用的点切入，调配不同的资源，以达到文化和商业之间的平衡。商人做文化生意一定失败，文青做商业也一定失败。看多了这种现象就能发现，失败是因为两者都坚守自己的本位而不愿承认对桌也拥有成功的方程式。

懂商业的人，只要愿意把利放在后面，就可以上手文化。懂文化的人，只要愿意把艺放在后面，就可以上手商业。上手，才有敲门砖，才有机会学习，进而成长。如果以钱衡量文化，或以艺衡量金钱，那将永远无法上手。这样的人永远看不懂这两种价值不可能在同一个天平上，这两种价值是永不该交叉的平行线。他们能做的，只能是模仿精神分裂者玩左右手游戏。

乱，似乎就是我发挥价值的根本途径。只有在乱中，才需要创。在平稳中，需要的是更稳。吊诡的是，乱时，人们都会想要回归最熟悉的做事方法。就算知道创是必要的，还是会退缩到原地。这也是把创意当成专业最困难的地方。

希腊神话告诫过世人，在没有准备好的情况下做超出自己能力的事，就如同用蜡羽追日，最终只落得落海而亡。这个神话故事在今日的文化追逐竞赛中不断重演，因为在乱世中出现了很多“白手起家英雄”。这些英雄虽都是一方之霸，在成长、成功的过程中却都没有时间和资源接触、了解文化。所以，虽然他们的商业敏锐度明确地告知他们，文化是现今商业行为中不可缺少的零件，却还是不知道如何利用文化，更不用说建构文化。所以买品位、买文化，变成了他们这些有钱人的娱乐。试想，建造对外开放的私人博物馆真的是为了分享或教育吗？还是为了面子的满足，为了不感到自卑？文化和商业是在新世界中合力翱翔的两只翅膀，缺一不可。它们虽有着相同的重要性，却也有相反的结构和调性，因此有着先后顺序。商业，对于已经成功的人来说很简单。不论哪一种产业，都有着相同的成功元素。文化对商人来说相对较难。所以建立文化必须先于商业。文化，一定是一种诚实的价值沟通。它必须真，真到让人想要主动靠近、主动喜欢、主动习惯。商业却很难真，它必须有假，才能获利。

因此，商人做文化会失败。因为他们在必须真的文化中混入了假。失败后，他们就断定文化不是一门好生意，却看不到失败是因为自己从商业的成功出发导致的。这也是为什么先有文化，才会有生意。而那些以文化为起点的文青，因为把商业放在文化后，所以飞不到一半，就七零八落、败兴而逃。在商人的眼中，这是经典的文青式自杀，但文青却认定这种做法才是正确的。决定以文化或商业为起点，自然决定了该先有文化还是该先有生意。单靠任何一边都不够，都飞不高、飞不远。但无论如何克制，**不在真中带假、假中混真，才是建立文化商业模式的重点。**用对位主义来思考文化生意或生意文化，才是取得新世界飞翔工具的正确方法。

人类由精神和肉体两个部分组成，其中精神是主体，就如同文化是文化生意的主体。肉体，如同单细胞的商业行为，只是精神（文化）在现实世界中的延伸和展现。古代佛教唯识宗认为，人由识而生。识又分为八识，前五识和身体感官相连：眼识、耳识、鼻识、舌识和身识，而后三识为意识、末那识和阿赖耶识。八识里，前五识是人活着的感觉，而意识则是我们的思想。第七识末那识是人对“我”的偏执。佛家早就点出，在寻找人存在的理由时，一定会经过感觉得到意识。不过，得到意识后，要再进步，就会碰到放下“我”这一个难题。“我”，是人类出生时就具备的本位主义。所有的一切，都是为了让“我”可以延续。商场上更是如此。一定要确保“我”可以生存、可以活得好，才有可能思考“我”以外的事物。从另一个角度看“我”，就是自私的“业”。在自己和世界的关系中自我设限。当生存的意义（文化）被局限，就不能开拓出非自我的文化正确。

文化是价值的转变，似乎比较适合深或高，而非广和薄。

科技也让现行的产业分工状况由原本的垂直完整变成横向切割。

这如同截拳道一般，把过去的惯性认知直接截断。不但截断，还“连消带打”，让旧世界的旧方法没有反应的时间。这些卫星型的独立切割体，破大，为小。每一个小，又可以直接越级连接成大。

如同网络串联各层次的众脑，让以往需要花费巨资的“data base”（数据库）成为零投资的公共财产，李小龙是第一个质疑中国武术招式是否必要的人（也可能因为近代最出名的武师是他）。截拳道和拳法的不同之处在于它没有既定的模式，更没有固定的招数。它没有规法，也不需规范，只有创造，随机、随时地创造。它没有招式，只有动作——对达到当下目的最有利的动作。因为招式本身受既定的规范限制，无论攻守皆有法度，就像过去的商业模式一定要放大才算成功。动作可以按照不同的情况演绎出层出不穷的用途。动作，可以攻，也可以守。它有效地以无法为有法、以无限为有限。这就是已经在新世界中运行的法则，一种以动作为基础的缩小。

我一边写，一边整理自己的思绪，想象自己的未来，心中浮现了几年前给自己写下的目标：**为人无求，成仁无私，仁人无我。**在这“乱世”中，一切都不会有固定的规矩。只能边做，边看，边等“局变”。这个模式也与自己的人生相辅。

人有很多不同的想法和愿望：想要有钱，想要成功，想要有家人，想要学习，想要变得更好……其中，想要帮助人，是最困难的。不是自己，就不会受自己的意志控制。不是身边的人，就不会有同舟共济的感情。想要帮忙，也需要对方愿意接受。创意商业化其实就是一份在帮助品牌的工作。它的问题不会出现在发愿的过程中或技巧的层面上，但很容易出现在执行的过程中。我已经花了十五年的时间尽可能地用有偿的方式帮助别人，下一个十五年我又该做什么？

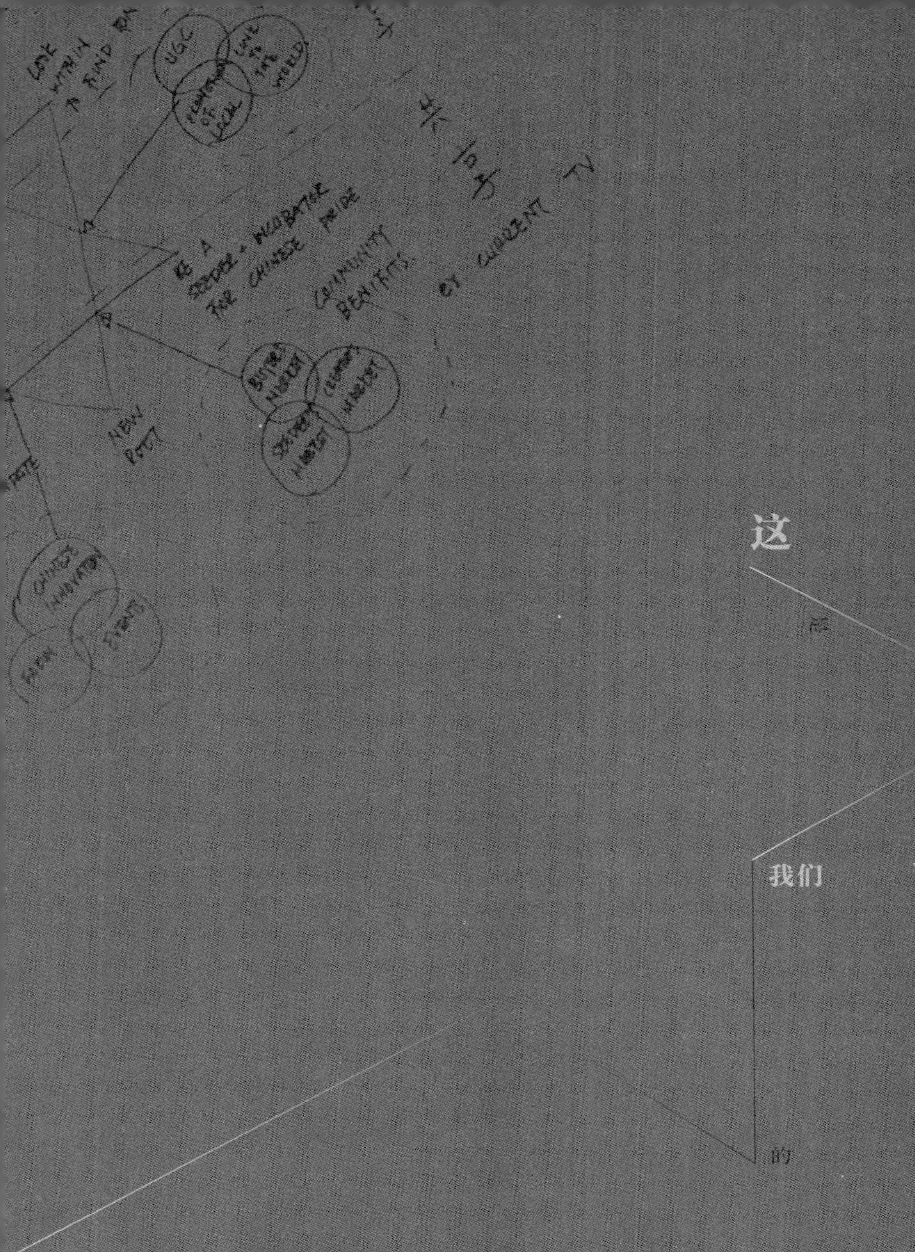
UGC
COMMUNITY
BENEFITS
NEW
ROOT
CHINESE
INNOVATION
EVENTS

这

是

我们

的

片

这是我们的名片

光是想要写一本有关橙果的书，我就想了五年。一直无法提笔，因为五年前我也在想，我已经做了十年，下一个五年要做什么？转眼，五年就过去了。

在做的还是一样，只是变得比较精、比较成熟、比较知道如何拿捏、比较没有“求”。很有可能，五年后我还是在想：下一个五年该做什么？然后小孩子就成年了，而我还是在想，然后我就暮年了。我一样在想。这一生到最后还是不知道如何做创意才是对的，如何用创意帮助人才是有效的，也不知堆积起来的一切其实是应当舍弃。孙子教过：“故善战者，其势险，其节短。”意思是：善于战斗的人，会在战斗中把力量蓄到极限，再把那积蓄的力量一瞬间释放出来。我堆积出来的力量，会不会一直找不到适当的释放理由？我所需要的，似乎，就是一个理由，一个让我心甘情愿完全释放的理由。

我肩上已有许多战徽：第一个商品“**爱的圈套**”在 7-11 创造了最高、最快的销售量；“**好神公仔**”打败了 Hello Kitty 的兑换率；让凤凰和白虎的图腾登上了“**雷诺方程式赛车**”；设计出捷安特第一台时尚生活脚踏车“**City Storm**”；家庭品牌“**双妹**”的品牌重新包装；2015 年做出世界上最大的大数据实时互动艺术“**生声不息**”……这些是实际的成就，不能讲出来的战功和战勋更是堆满抽屉。

每次认同我的朋友要我大声地把成功案例讲出来、让大家知道我有能耐的时候，我的心中会跑出案例，也会质疑："爱的圈套”的成功是因为我刚出来，市场还觉得新鲜；“好神”是因为大家刚好想要新的选择；“雷诺”是因为运气好；捷安特是求来的；“双妹”是刚好捉到感觉；“生声不息”是因为有资源可以整合……所以没有什么好讲的。当鄙视我的人挑衅我的时候，我心中也会跑出案例，但却会想到，目前还没有一个案子是尽全力做的，所以有什么好讲的？

记得 2015 年初，客户的一个厂长在与我的设计师讨论设计时，竟然大剌剌地说："你有什么代表作？我只和有代表作的人谈！”听到时，我真的想飞过去套个布袋在他身上狠打他一顿，但过后我细想，以他标准的代表作（卖很好）虽然有，但是以我们标准的代表作还真的没有。当不知道彼岸在哪里时，心会慌，心慌就不会拼尽全力。知道目标就在前头，心里会有数，有数就会坚持。未来就是现在的分支，永远只能感觉到片段。彼岸如果是未来的天地，又如何可以在现在看到全貌？

父亲与我讨论过一个哲学问题：**你看不到风，但透过叶飘动、草摇动、雨舞动会知道有风。**所以，看不到不表示不存在。我没去过非洲、没看过金字塔不表示这些风景不存在，只证明我看风景的高度还不够。

在写这本书的一开始，一位朋友特别找了一位非常资深和出名的文化人来当我的编辑。她开宗明义地教育我："如果这本书在台湾和大陆都要出版，就必须用大陆的方式写。大陆流行厚厚的书，一定要二十万字以上。不管你愿不愿意，都要写很多自己的事。大陆读者要的是一窥你的生活，找出他们可以复制的地方。"

"但我想要写的是橙果，是趋势，是我从开始累积到现在的内涵，而不是过去的连续剧。"

"你要迎合市场，不然不会卖得好。"

卖得不好、看不到彼岸又如何？为什么我一定要用你的滤镜看我的风景？公子的叛逆让我在两次会议后就和朋友说："我不要与她配合。她编不出我想要的书。"

打完这通电话后，我让我的同仁开始整理六芒星理论与公司案例。结果除了在过程中把我烦死，什么有用的东西都理不出来。所以我才开始写，想证明这没有这么难，需要的只是清楚的脑和诚实的心。

即使到了这个时候，我也不知道彼岸在哪里。但我还是无悔、用力地做。这些与未来要做什么有什么关系？或许，最适合我的地方，就是在彼岸前的水中沉浮。干吗要急着上岸？干吗不在一个大家都想快速离开的地方长久地待下去？回头看，我的身边还有一群相信我、愿意与我一起蹚浑水的战友，有的年轻、有的不惑、有的退而不休。这不就是最令我感到舒适的地方，不就是我最愿意担的责任？

人生就像一道溪，只会留下同心的人。有些人陪你涉水一段时间就急着上岸，因为要去的地方不同，或被不同的风景吸引。最后留在身边的，会是眼界一样的战友。与这些人一起摸索未来，就是我想要做的事。

现在的我们什么都是，也什么都不是。
这，就是我们的名片，我的自傲：橙果设计。

图书在版编目（CIP）数据

你好，这是我们的名片 / 蒋友柏著 . -- 北京 : 民主与建设出版社 , 2018.10
ISBN 978-7-5139-2297-5

Ⅰ . ①你… Ⅱ . ①蒋… Ⅲ . ①建筑装饰业 − 企业管理 − 经验 − 台湾 Ⅳ . ① F426.9

中国版本图书馆 CIP 数据核字 (2018) 第 212521 号

著作权合同登记号：01-2018-6792

你好，这是我们的名片

NIHAO, ZHE SHI WOMEN DE MINGPIAN

出 版 人	李声笑
作　　者	蒋友柏
出 品 人	陈　垦
责任编辑	刘树民
装帧设计	橙果设计
出版发行	民主与建设出版社有限责任公司
电　　话	(010)59419778　59417747
社　　址	北京市海淀区西三环中路10号望海楼E座7层
邮　　编	100142
出 品 方	中南出版传媒集团股份有限公司 上海浦睿文化传播有限公司 上海市巨鹿路417号705室(200020)
经　　销	湖南省新华书店
印　　刷	恒美印务(广州)有限公司
版　　次	2018年10月第1版
印　　次	2018年10月第1次印刷
开　　本	880mm × 1230mm　1/32
印　　张	10.25
字　　数	200千字
书　　号	ISBN 978-7-5139-2297-5
定　　价	68.00 元

浦睿文化
INSIGHT MEDIA

出 品 人:陈　垦
策 划 人:陈　垦 蔡　蕾
监　　制:余　西
出版统筹:戴　涛
责任编辑:刘树民
特约编辑:郭大泽
装帧设计:橙果设计
美术编辑:陆　璐 王　媚 王天舒

投稿邮箱:insightbook@126.com
新浪微博:@浦睿文化